COMO O
JUDAÍSMO
PODE MUDAR
A SUA VIDA

COMO O JUDAÍSMO PODE MUDAR A SUA VIDA

Leonardo Schulmann

© 2021 - Leonardo Schulmann
Direitos em língua portuguesa para o Brasil:
Matrix Editora
www.matrixeditora.com.br

DIRETOR EDITORIAL
Paulo Tadeu

CIP-BRASIL - CATALOGAÇÃO NA PUBLICAÇÃO
SINDICATO NACIONAL DOS EDITORES DE LIVROS, RJ

S416c

Schulmann, Leonardo
Como o judaísmo pode mudar a sua vida / Leonardo Schulmann. - 1. ed.
São Paulo: Matrix, 2021.
208 p.; 16 cm.

ISBN: 978-65-5616-091-7

1. Judaísmo. 2. Bíblia A.T. Pentateuco. 3. Estilo de vida. 4. Autorrealização. I. Título.

21-70415	CDD: 296.7
	CDU: 26-4

Camila Donis Hartmann - Bibliotecária - CRB-7/6472

SUMÁRIO

1. Ajudar só a quem coopera — 13
2. Roubar o tempo — 15
3. Cumprimentar todos — 17
4. Ética e moral — 20
5. A arte de presentear — 22
6. Respeitar sua mulher — 24
7. Tratar os filhos igualmente — 25
8. Elogiar e não se gabar — 26
9. Ir até seu filho — 27
10. Honrar o próximo — 29
11. Ir ao cemitério — 31
12. Emprestar dinheiro — 33
13. Respeitar a privacidade — 34
14. Não acusar — 36
15. Não criticar — 38
16. Ser cauteloso no julgamento — 40
17. Evitar as más companhias — 42
18. Pagar rápido o salário — 44
19. Obrigação do empregado — 47
20. Respeitar pai e mãe — 49
21. Não falar mal do amigo — 52
22. Arranjar emprego — 55
23. Ter muito e ter tudo — 57
24. Ser *mensch* — 58
25. Praticar a caridade — 60
26. Olhar por fora — 62
27. Respeitar a mulher, sempre — 63
28. Resistir às tentações — 64
29. Cuidado com a argumentação — 66
30. Ter coragem — 68

31. Comer *kosher*	70
32. Valorizar a produtividade	73
33. Se alguém te quiser matar, acorda cedo e mata primeiro	74
34. Não se preocupar com o passado	75
35. Descanso semanal	77
36. Ser amado ou ser usado	78
37. Evitar o gênio explosivo	79
38. Rei Salomão	82
39. Insultar alguém em público	84
40. Não deixar o bolso corromper	85
41. Robin Hood	86
42. Aparências	87
43. Cuidar do dinheiro dos outros	88
44. Gostar das pessoas como são	90
45. Vingança	92
46. Sua fama antecede você	95
47. Ter dinheiro pode abrir a chave da arrogância	96
48. Ganhar dinheiro suado	98
49. Ter medo do sucesso	99
50. Cuidado com promessas	101
51. Ser incrível	103
52. Como tratar a mulher na cama	105
53. Dar o que podemos	106
54. Mimar os filhos	108
55. Julgar de forma favorável	109
56. Circuncisão	111
57. Convencer os outros	113
58. Ser generoso	114
59. Mentir	116
60. Gula, posse, amantes e empregados	117
61. Felicidade	119
62. Amizade	121

63. Esperança	123
64. *Shalom*	124
65. Reputação	125
66. Aqui e agora	127
67. Evitar a raiva	130
68. Não se gabar	131
69. Vizinhança	133
70. Ter um bom nome	134
71. Inveja	136
72. Escolha um bom amigo	138
73. Pai e filho	141
74. Ser grato	143
75. Tudo de graça sai caro	145
76. Ser diferente	147
77. Destino e judaísmo	148
78. Casamento	149
79. As aparências enganam	150
80. O dom de escutar	152
81. Afastar-se das pessoas	153
82. Ter cuidado com os poderosos	154
83. Não reconhecer o erro	155
84. Reconhecer o erro	157
85. *Kiso, koso, ka'aso*	158
86. Ter medo de decidir	159
87. Tratar a mulher bem	160
88. Oportunidade	161
89. Ser sábio	163
90. Recompensa	164
91. Beber e fazer amigos	165
92. Tempo é dinheiro	166
93. Não revelar seus segredos	167
94. Confiar	168
95. Não devemos dar o troco	169

96. Ter sorte — 170
97. Constranger o outro — 172
98. Não desperdiçar — 174
99. Ingratidão — 176
100. Falar pouco — 177
101. Ter paciência — 179
102. Viver a vida — 180
103. Prestigiar os outros — 182
104. Citar a fonte — 183
105. Fazer a diferença — 184
106. Educar os filhos — 185
107. Ensinar um ofício — 186
108. Amar os filhos — 187
109. Direitos — 189
110. Fama — 190
111. Dar a volta por cima — 191
112. Preguiça — 192
113. Manter distância — 193
114. Brigas — 194
115. Nervosismo — 195
116. Andar para trás — 196
117. Teimosia — 197
118. Sustentar a esposa — 198
119. Ser obrigado a mentir — 200
120. Portar dinheiro — 201
121. Ser homem — 202
122. Curiosidade mata — 203
123. Dar a chance de o outro se arrepender — 204
124. Quando o oprimido é opressor — 205

Dedico este livro a minha deliciosa mulher Patrícia.

INTRODUÇÃO

Judaísmo é mais que uma religião, é atitude, excelência, ações cotidianas, relacionamento e doação.

Judaísmo é um modo de vida. Para ser judeu, você tem que nascer judeu, filho de uma mãe judia, ou se converter. Mas você pode levar uma vida judaica, seguindo os conselhos e ensinamentos judaicos, mesmo que não seja judeu, e ter uma vida melhor.

O judaísmo é fortemente ligado à ética, que leva a uma vida pessoal próspera e ligado à caridade.

Neste livro, apresento parábolas, ensinamentos do Talmude, da Torá e outras fontes, até piadas.

Em seu livro, o *Guia completo do idiota para o Talmude*, o rabino Aaron Parry diz que quando, pouco antes de sua morte, perguntaram a Einstein o que ele faria de diferente se pudesse viver sua vida novamente, ele respondeu sem hesitar: "Eu estudaria o Talmude." A Torá e o Talmude, mais do que palavras, possuem ensinamentos bem sérios, de uma profundidade incrível e ensinamentos esotéricos também, o que torna o estudo uma leitura deliciosa e curiosa.

Resumindo, como está nos salmos: "Ser judeu é estar alerta ao sofrimento dos outros".

Escritores escrevem para todos. Mas, neste livro, eu egoisticamente escrevi para mim mesmo, dei conselhos que gostaria de escutar, dei conselhos que poderia precisar. Então, este livro, me perdoem, é para mim mesmo. Para não ser egoísta, resolvi compartilhar. Se, genuinamente, você se se interessar pelo conteúdo, dedico a você, exclusivamente, com todo amor.

1

AJUDAR SÓ A QUEM COOPERA

Devemos sempre ajudar as pessoas![1] Porém, existem pessoas que pedem ajuda, mas não se esforçam. Se uma pessoa pede um emprego, ela deve estar pronta para começar a trabalhar imediatamente, não deve reclamar, nem julgar. Se essa pessoa começar a criticar ou reclamar não há problema algum em parar de ajudar e mandá-la embora.

A pessoa que precisa de um favor deve ser proativa, sempre, ao extremo, não deve esperar aquele que não precisa indicar quais passos deve dar, deve se antecipar.

Se você receber um emprego, deve ser um empregado exemplar. Terminado o seu horário de trabalho, deve se oferecer para finalizar

---

[1] *Shabat Parashat Ki Tezte*. A ideia de "pague o bem que te fiz fazendo outro bem", pode ser encontrada em *Deuteronômio* 22:6: "Quando encontrares pelo caminho um ninho de ave numa árvore, ou no chão, com passarinhos, ou ovos, e a mãe posta sobre os passarinhos, ou sobre os ovos, não tomarás a mãe com os filhotes. Deixarás ir livremente a mãe, e os filhotes tomarás para ti; para que te vá bem e para que prolongues os teus dias. Quando edificares uma casa nova, farás um parapeito, no eirado, para que não ponhas culpa na tua casa, se alguém de algum modo cair dela. Não semearás a tua vinha com diferentes espécies de semente, para que não se degenere o fruto da semente que semeares, e a novidade da vinha."

o trabalho iniciado. Não reclame com seu chefe e nem de seu chefe para ninguém.

Muitas vezes, as pessoas que nos pedem ajuda esperam que sejamos cem por cento altruístas, mas isso não deve ser esperado. O simples fato de ter dado a ajuda inicial já é o suficiente, o resto é com a pessoa.

Quando ajudamos os outros estamos ajudando a nós mesmos em primeiro lugar. Se não fizermos isso seremos todos solitários. Um mundo melhor é construído ajudando os outros, até mesmo desconhecidos.

Você não imagina o quanto ajudar aumenta sua conexão com quem é ajudado. Você pode até esquecer, mas talvez aquela pessoa seja grata e retribua ajudando outra pessoa do mesmo jeito que foi ajudada.

2

ROUBAR O TEMPO

Quando lembramos dos mandamentos das leis de Moisés, as tábuas da lei, pensamos no sétimo mandamento "não roubarás". Se pensarmos em roubar, imaginamos roubar a carteira de alguém, enganar numa prestação de contas, tirar cópias não autorizadas na copiadora da empresa. Mas não roubar é muito mais do que não fazer essas coisas. Em um mundo em que tempo é dinheiro, temos o dever moral de reconhecer que fazer alguém perder tempo com algo desnecessário é uma forma de roubo. No caso, do tempo.

Por exemplo, ao entrar em uma loja sem intenção alguma de comprar, apenas para passar o tempo e sondar, perguntar o preço disso e daquilo, não comprar nada e ir embora depois das perguntas respondidas também é uma forma de roubo, roubo de tempo. Você faz a pessoa perder tempo com você, podendo ela estar atendendo outra pessoa, isso é chamado *Guenevat Daat*.[2]

---

[2] *Guenevat Daat* significa, literalmente, "roubar o pensamento da pessoa". No mundo dos negócios, há algumas atitudes que são interditadas segundo a ética religiosa. Por exemplo, não se deve vender produtos com defeitos, enganando o consumidor. Nesse caso, o comerciante seria culpado de cometer *Guenevat Daat*.

Quem chega atrasado, além de sem educação, é ladrão de tempo. Se alguém rouba relógio, celular ou carteira pode repor os itens, mas quem rouba tempo, não é possível reparação, este, sim, é um ladrão que rouba algo mais valioso.

3

CUMPRIMENTAR TODOS

Seja o primeiro a cumprimentar cada homem. Seja um rabo de leões, em vez de uma cabeça de raposas.[3]

Às vezes, estamos andando pela cidade e avistamos um conhecido que não nos cumprimenta. Pode estar bem-vestido, com terno caro, ou nem tanto, mas sempre com peito estufado, nariz em pé, andando a passos largos, nos vê, mas espera que o cumprimentemos primeiro. É como se fosse um desafio, cumprimenta primeiro o pior. Se você não cumprimentar, passa direto, sem um aceno. Se acenamos ou mostramos alegria, mesmo assim só balança a cabeça em sinal de aprovação, como se fosse um rei. No judaísmo, temos uma *Mishná*,[4] que nos ensina a ser mais modestos, devemos passar por cima do orgulho e ter a

---

[3] *Pirkei Avot*, capítulo 4, 19.
[4] *Mishná* é o código de leis judaicas que formou a base do Talmude. Em hebraico, a palavra *Mishná* é composta pelas mesmas letras da palavra *Neshamá*, que significa "alma". Assim, é o estudo da Torá, particularmente a *Mishná*, que simboliza as conexões da alma com os fundamentos da história judaica e o vínculo espiritual com Deus.

humildade de cumprimentar primeiro. Isso não tira nossa dignidade. Talvez o outro, mesmo com toda sua pompa, sua aparente elegância, seja uma pessoa insegura. Talvez ele queira se sentir importante, provavelmente, no fundo, saiba que não o é, ou é uma pessoa fraca de caráter. Às vezes, não cumprimentar pode causar ressentimentos, pode-se por uma besteira arranjar um inimigo. Essa pessoa amanhã pode estar numa posição que pode te prejudicar. Cumprimentar primeiro, além de um preceito judaico, torna-se uma estratégia. Sobre cumprimento, em iídiche[5] se diz: "Cumprimentar outro primeiro, caso você tenha alguma briga, algum ressentimento, pode diminuir a amargura, a raiva que possa existir contra você. A outra pessoa pode repensar o motivo de uma antiga discórdia."

Existem dois casos diferentes: sorrir e cumprimentar um estranho, e sorrir e cumprimentar um conhecido. Ambos são bons. Quanto ao estranho, há uma ressalva: se uma mulher sorrir e cumprimentar um estranho, pode parecer uma cantada. Em países latinos, pode ser mal interpretado. No entanto, para pessoas e conhecidos que passam pela rua por nós, que pode ser o porteiro ou o ascensorista, o cumprimento é sempre bem-vindo. Um sorriso é algo gratuito, moeda barata, não nos custa nada, e a memória de quem recebe é para sempre. Sobre sorrir, também temos o ensinamento em Pirkei Avot:[6]

---

[5] Iídiche é uma língua indo-europeia adotada pelos judeus da Europa e se escreve utilizando caracteres hebraicos. Hoje, é amplamente utilizado pelos judeus ortodoxos e ultra-ortodoxos, e judeus seculares que valorizam suas raízes.

[6] *Pirkei Avot* é um tratado da *Mishná* composto das máximas éticas. Esse tratado contém cinco capítulos e é, muitas vezes, chamado *Ética dos pais*. São ensinamentos morais e éticos da tradição judaica.

Sempre dar atenção desvia a pessoa de ter ressentimentos. Quem trabalha com o público, seja vendedor, seja advogado, não se pode dar o luxo de esquecer essa lição. Sorrir é a primeira impressão que você pode causar na maioria das pessoas.[7]

---

[7] *Pirkei Avot*, capítulo 1, 13: "Faça o estudo da Torá como uma luz eterna dentro de sua alma. Falar pouco e fazer muito. Deixe a luz da Torá brilhar de sua alma para todos os povos. Mantenha longe de duvidar de seu coração e mente, e não se acostumará a beliscar a partir de seus próprios dízimos."

4

ÉTICA E MORAL

Uma vez, no meu negócio, vendi um apartamento em um leilão e dei parte da comissão ao meu funcionário, que havia se esforçado para que o leilão fosse um sucesso, e de fato foi.

Após alguns meses, o leilão foi desfeito por decisão de um juiz. A determinação da sentença era que cada um recebesse seu dinheiro de volta, o apartamento voltaria para o antigo proprietário. O leiloeiro, embora tivesse trabalhado, deveria devolver a comissão ao comprador.

Em tese, eu devolveria a minha comissão e o empregado devolveria a parte dele para mim, desfazendo todo o processo. Seria correto cobrar dele o reembolso? Deveria aceitar a devolução da comissão, mesmo sabendo que faria muita falta para ele? Com certeza, moralmente, eu não deveria cobrar nem aceitar essa devolução, pois, financeiramente, sou muito mais forte do que ele, mais robusto, tenho, como o ditado diz, "mais lenha para queimar". Além disso, existe a compaixão pelo próximo, já que para ele esse valor faria muita diferença. Em um caso como esse, pelo Talmude,[8] não existe uma decisão definitiva, já pela Torá sim. Mas foi o Talmude que deu uma resposta, pois não adianta seguir a lei e não ter compaixão. Por isso, a devolução da comissão não foi cobrada e não seria aceita se ofertada, pois pode ser legal, mas não seria moral.

---

[8] O Talmude é uma coletânea de livros sagrados judaicos, um registro das discussões rabínicas que pertencem à lei, à ética, aos costumes e à história do judaísmo. Por ser oral, as leis são debatidas até hoje pelo mundo todo.

5

A ARTE DE PRESENTEAR

Uma das minhas histórias preferidas da Torá é a dos irmãos gêmeos, Esaú e Jacó.[9] O primeiro era o preferido do pai, o segundo, da mãe. Esaú, por ser o primogênito — algo muito importante no judaísmo antigo — era privilegiado. Por ter nascido primeiro, herdaria tudo do pai, inclusive a bênção, que valia muito. Jacó, num acordo vantajoso, resolveu negociar a progenitura do irmão, como conta o Gênesis.

Esaú estava voltando de uma caçada e exausto. Morrendo de fome, trocou sua progenitura por um prato de lentilhas. Claro que, depois que saciou sua vontade, arrependeu-se e pensou: "não vou cumprir essa bobagem".

Mas, de bobo, Jacó não tinha nada. Com a proximidade da morte do pai e a ajuda da mãe, trapaceou o pai. Passando-se pelo irmão, usando as roupas de Esaú, já que o pai estava cego, fez valer o seu acordo com o irmão, ganhando a bênção do pai moribundo. Seu irmão, enfurecido, quis matá-lo, e ele teve que fugir. Depois de muitos anos como fugitivo, já casado, rico, cheio de filhos e mais velho,

---

[9] *Gênesis*, 25.

decidiu voltar para casa, mas teria que encontrar o irmão que antes o jurara de morte.

Foi ao encontro do irmão, cada um com seu exército. Jacó, com o intuito de selar a paz, mas precavido pela índole ruim do irmão, buscou seduzi-lo, enviando presentes e mais presentes. O irmão foi ficando sensível com tantos presentes. Se tinha raiva, ódio, nunca saberemos, mas o que sabemos é que o encontro foi amigável, beijaram-se e fizeram um ao outro juras de amor. Depois, seguiram em frente separadamente.

Os presentes fizeram toda diferença, seduzindo o inimigo e conquistando seu respeito. O subordinado deu presentes ao superior para suavizar seu rosto e para torná-lo gracioso. Presentes também foram dados para apaziguar a raiva.[10]

---

[10] *Provérbios*, 21: 14. "O presente dado em segredo aplaca a ira, e a dádiva no regaço põe fim à maior indignação."

6

RESPEITAR SUA MULHER

Respeite sua mulher sempre.

Minha mãe sempre me disse: "Não se esqueça de que você saiu de um ventre feminino". Meu pai dizia: "Leo, respeite a Patrícia sempre". Eles nunca leram o Talmude, embora fossem judeus.

> Se sua mulher for baixa, incline-se para ela.[11]

Este é um ensinamento lindo. Desrespeitar sua mulher é algo desprezível. Certa vez, conheci um advogado, arrogante, que havia se casado com uma mulher há 50 anos — e que é esposa dele até hoje. Na época em que se casaram, ele era um pobre coitado, depois, ficou rico, com a herança da esposa. No entanto, deve ter esquecido disso, pois no meio de uma festa, na presença de amigos e estranhos, levantou o dedo na direção da esposa por ela ter dado uma opinião diferente da dele e chamou-a de burra.

---

[11] *Bava Metzia* 59a: 6. Provérbio popular judaico.

7

TRATAR OS FILHOS IGUALMENTE

Irmãos que se odeiam (Jacó e Esaú); José[12], que foi odiado e jogado no poço para morrer por seus irmãos. Com tanta tragédia, temos uma novidade: Jacó, depois de seus erros com seu filho José, aprende a lição e age diferente com seus outros filhos, tratando todos de forma equivalente e, antes de ir desta vida para melhor, abençoa um a um seus doze filhos, inclusive José.

Jacó, com isso, criou doze homens fortes, não fez rivalidade, não causou inveja, ressentimentos, nem causou ciúmes. Não criou assassinos, nem fugitivos, criou homens fortes e decididos que formaram as doze tribos oriundas dessa bênção. Quando filhos brigam, acredito que a culpa é sempre dos pais, que não tiveram a sensibilidade de enxergar a preferência que deram para um deles e que gerou ressentimentos nos outros.

---

[12] *Gênesis*, 37.

8

ELOGIAR E NÃO SE GABAR

Marcel Proust[13], escritor francês, era amado por seus amigos, pelos criados, pelos garçons dos cafés que frequentava, não só pelas gordas gorjetas que dava, mas também pela educação e respeito pelas pessoas de classe inferiores. E devemos levar em conta que estamos falando da década de 1920!

Uma das atitudes que o tornava querido era quando se sentava na mesa com os convidados e conversava. Marcel Proust se interessava pela pessoa, em vez de fazer as pessoas se interessarem por ele. Poderia ficar se gabando por ser rico e escritor consagrado, possuindo fama, mas não o fazia, e era assim que conquistava a todos. "Não se deve ter arrogância, nem mesmo um pouquinho."[14]

---

[13] Valentin Louis Georges Eugène Marcel Proust (1871-1922), escritor francês, mais conhecido pela sua obra *Em busca do tempo perdido*, considerada uma das obras mais importantes da literatura ocidental.

[14] *Talmude Sotah* 5a:2. Na Guemará já foi discutida anteriormente a impropriedade da arrogância. Agora, discute-se a origem de sua proibição. De onde é derivado o aviso, ou seja, qual é a fonte que proíbe o comportamento do arrogante? Rava diz que Ze'eiri falou que a fonte seria do versículo: "Escutai, e inclinai os ouvidos; não vos ensoberbeçais; porque o Senhor falou" (*Jeremias*, 13:15).

9

IR ATÉ SEU FILHO

O filme *The Chosen*, de 1981 — baseado no livro homônimo de Chaim Potok[15] — se passa no ano de 1944, no Brooklyn. No filme, dois adolescentes se tornam amigos. O primeiro é filho de uma professora ativista pela criação do estado de Israel, e deseja virar rabino, o segundo é filho de um rabino ultraortodoxo, que desejava que o rapaz virasse rabino, segundo a tradição familiar, mas este tinha outros planos.

No decorrer do filme, o rabino aceita a decisão do filho de se tornar psicólogo, e o protagonista do filme cita uma parábola do Talmude. Ele narra a história de um rei que brigou com seu filho e saiu do palácio.

---

[15] Chaim Potok (1929-2002), nascido Herman Harold Potok no Bronx, Nova York, foi rabino e filho de rabino. Seu primeiro livro, *The Chosen*, virou um sucesso de vendas, tendo vendido mais de 3.400.000 cópias. Teve uma enorme influência sobre autores judeus americanos e no público em geral. Posteriormente, este livro virou um filme, e ele escreveu uma continuação da história entitulada *The Promise*.

O rei pediu que o filho voltasse,
mas ele não quis. Assim, o rei manda
um emissário pedindo que o filho fosse
até onde pudesse, que o rei iria,
então, ao seu encontro.

10

HONRAR O PRÓXIMO

Cuidado para resguardar a honra do próximo.[16]

Você sempre deve deixar uma saída honrosa para a outra pessoa. Seja no fim de um relacionamento, seja numa briga de sócios, na despedida de uma pessoa após uma briga, ou quando mandar seu empregado embora. A chance de dar uma saída honrosa está sempre no lado mais forte.

Saída honrosa, esse é o intuito, esse é o grande mérito. No filme *A Noviça Rebelde*[17], o Barão Von Trapp se apaixona pela sua governanta, Maria, uma mulher bem nova. A sua noiva, uma mulher mais velha, sente que vai ser chutada, mas ele a deixa terminar com ele, pois ela sabia que não ficaria com o barão, já apaixonado por outra

---

[16] *Parashat shofetim*— 1 Elul 5780.
[17] O filme *A noviça rebelde*, dirigido por Robert Wise, é baseado em uma história real. Ele narra a saga da governanta Maria, que se apaixona pelo patrão, o barão Von Trapp. Os dois se casam escondidos e fogem com seus sete filhos do nazismo, indo da Áustria aos Estados Unidos. Foi eleito pela American Film Institute, em 1988, um dos melhores filmes de todos os tempos.

mulher. Assim, o barão deu a ela a chance de terminar o noivado e não se sentir chutada.

Se seu sócio comete erros na sociedade comercial, ele sabe que você pode destruí-lo, mas você pode dar a ele a chance de uma saída honrosa. Deixe-o dizer que precisa de um tempo, que precisa cuidar da família, qualquer que seja a desculpa. É importante deixar o outro com um pinguinho de honra, afinal, não é um estranho, provavelmente é alguém próximo.

11

IR AO CEMITÉRIO

Muitas vezes nos sentimos mal quando temos um dos pais mortos, sentimos saudades e arrependimento de não ter dito algo que queríamos, de não termos contado alguma história. Nossos pais já estão mortos, mas mesmo assim sentimos aquela vontade louca de que eles estivessem aqui para contar algo, por exemplo, que vamos nos casar, que nosso filho vai fazer *bar mitzvah*, que estamos ficando ricos... Mas, felizmente, temos uma tradição judaica que nos dá uma válvula de escape.

Podemos convidar os entes falecidos para o casamento, convidar para ver o neto fazendo *bar mitzvah*, entrando para faculdade... Daria muitos *nachas* para seus pais. *Nachas*, que não tem tradução para o português e muito menos para o inglês, significa aquele prazer único que você tem com seus filhos, que um avô tem com o seu neto etc. Significa aquele orgulho incomparável. *Nachas* é uma palavra única em iídiche.

O momento de ir ao cemitério compartilhar esses momentos com seus pais falecidos é algo que traz muito alívio, quando estamos tristes, ou muita felicidade, quando estamos transbordando de felicidade.

Muitas vezes, pensamos: "Puxa, amaria minha mãe aqui ao meu lado, minha avó ou até meu ex-marido. Então, sugiro, dê *nachas* para seu ente querido, isso é melhor que ir ao psicólogo ou ficar ligando para um amigo e falando sem parar. Visitar um ente falecido no cemitério pode ser mais confortante do que uma sessão de terapia. Uma das vantagens do judaísmo é essa possibilidade, já que não é permitida a cremação. Desta forma, sabemos que nossos entes queridos estão sempre nos esperando, mesmo após mortos.

12

EMPRESTAR DINHEIRO

Emprestar dinheiro é permitido dentro do judaísmo, mas deve ser levado a sério, não é simplesmente fazer uma transferência ou passar um cheque e pronto.

Nas leis judaicas, nos é ensinada a precaução, mesmo que o empréstimo seja para o melhor amigo, melhor empregado. Ser generoso é uma qualidade, mas ser bobo é uma idiotice.

Por isso, nas leis judaicas milenares, ensina-se que é necessário ter testemunhas e elaborar um acordo escrito, para que a dívida possa ser cobrada. Este ensinamento não é moderno, existe desde a antiguidade. Devemos ser precavidos quando se trata de dinheiro.

Hoje, em tempos de Covid-19 e de recessão, devemos saber dizer não, pois certamente não receberemos o dinheiro de volta. Para isso, existe banco. Se o empréstimo for inevitável, não faça a negociação de boca, siga os conselhos dos sábios, deixe por escrito, com garantias. Quem pega emprestado com amigo nem sempre tem intenção de pagar.

13

RESPEITAR A PRIVACIDADE

Hoje, os filhos menores não tem mais privacidade, seus pais colocam, sem o seu consentimento e, às vezes, sem seu conhecimento ou contra vontade, fotos no Facebook, no Instagram e em várias mídias sociais. Mostram momentos íntimos dos filhos, o que eles estão fazendo. Por meses e anos, estranhos sabem tudo sobre os filhos: seus gostos, como eram em cada idade, declarações de amor e até de raiva. Quando maiores, são páginas abertas para todos, tendo seu passado público. Depois, os pais entram em suas redes sociais para investigar com quem seus filhos se relacionam, quais são seus gostos, os lugares que frequentam. Sempre alegam que é para proteger, seja de drogas ou de más amizades, o que não faltam são desculpas. No judaísmo encontramos, no Talmude, a seguinte citação: "não entre repentinamente em sua casa..."[18]

Do mesmo modo, entrar no quarto do adolescente sem bater na porta é uma invasão desrespeitosa, contra a privacidade. É uma falta de respeito que seus filhos acabam levando para os filhos deles e

---

[18] *Pesachim* 112a.

assim por diante, pois as atitudes erradas passam a ser vistas como normais.

O Rabino Akiva disse ao filho Rav Yehoshua sete coisas, sendo a terceira: "não entre na casa de outra pessoa de repente (seja como Deus, que perguntou onde Adão estava no jardim, após ter consumido o fruto proibido).

Respeitar a privacidade de sua família, nos tempos modernos, ficou cada vez mais difícil. Basta olhar as redes sociais: são pais, avós, tios, colocando fotos de crianças, seja fazendo xixi até fazendo esportes. Todos sabem tudo sobre os filhos menores, transformam suas famílias em livros abertos.

Um homem nunca deve entrar na casa de outro de repente; todos podem aprender boas maneiras com o Todo-Presente, que estava na entrada do Jardim [do Éden] e chamou Adão, como é afirmado: "E o Senhor Deus chamou o homem, e lhe disse: Onde você está?" Lógico que Deus sabia onde ele estava, mas mostrou que devia pedir licença para entrar, anunciando que iria falar.

14

NÃO ACUSAR

Acusar é um ato muito grave para todos — para quem acusa e para quem é acusado —, é um julgamento antecipado, não é bom, causa raiva, rancor e ressentimentos. Encontramos no Talmude momentos em que o acusador sabe que o criminoso cometeu o crime e assim mesmo o poupa.

A parábola como metáfora na literatura rabínica sempre nos mostra, de uma forma fácil, como se comportar, ela revela que uma acusação nunca deve ser direta. No judaísmo, existe o Mashal, que é uma curta parábola com uma lição de moral. Diversas parábolas são encontradas na literatura no Talmude e no Midrash[19].

Uma parábola interessante é sobre um roubo de morango:

---

[19] *Midrash* é o nome de uma das interpretação das lacunas da Torá.

O proprietário corre atrás de um ladrão no pomar de morangos e pergunta: "O que tens em sua mão?", supondo que o eventual ladrão tinha morangos.
Já que viu o ladrão com as mãos no morango, certamente a mão estaria manchada de morango, mas não o comprometeu nem o acusou diretamente.
O ladrão, esperto, com as mãos manchadas da fruta, responde: "em minhas mãos, nada."

15

NÃO CRITICAR

Não critique, não condene e não se queixe.

Esses são os princípios do livro mais espetacular escrito por Dale Carnegie[20], que nos ensina a nos tornar uma pessoa agradável. Alguns acreditam erroneamente que criticar os outros pode ser uma forma de autenticidade, acreditam que podem estar ajudando, mas não estão, estão se afastando das pessoas e criando inimizade.

Histórias de criticar os outros se encontram no Talmude. Uma delas é do Rabino Shimon Bar Yochai[21], na época do Império Romano. Depois de passar anos numa caverna escondido para não

---

[20] Dale Carnegie (1888-1955) é um dos escritores norte-americanos de autoajuda mais queridos e mais lidos no mundo. Desenvolvedor de cursos de autoajuda, é autor de *Como fazer amigos e influenciar pessoas* (1936), *Como evitar preocupações e começar a viver,* (1948), *Lincoln the Unknown* (1932) e vários outros livros.

[21] O rabino Shimon Bar Yochai foi um dos sábios mais importantes na história judaica. Simeão filho de Yohai o Rashbi é o suposto autor do livro do Zohar e, segundo a tradição, nasceu na Galileia e morreu em Meron, no dia 18 de Iyyar. Existem muitos ensinamentos em seu nome na *Mishná*, *Guemará* e Midrashim, enquanto o Zohar, fonte fundamental da Cabala, é construído ao redor das revelações de Rabi Shimon ao seu círculo de amigos íntimos.

ser pego, pois fora condenado à morte por fazer oposição a Israel, teve a notícia de que sua condenação havia sido revogada. No entanto, logo após ter saído da caverna, começou a criticar o que viu em volta. Imediatamente, escutou uma voz divina, mandando-o de volta para escuridão da caverna, onde só após um ano aprendeu a lição de não criticar.

16

SER CAUTELOSO NO JULGAMENTO

Ser cauteloso no julgamento é a arte da sabedoria. Meu pai ensinava que o melhor amigo é o travesseiro — nunca se deve tomar uma decisão sem uma noite de sono antes. Seja julgar uma pessoa, seja uma decisão nos negócios, seja mandar um empregado embora depois de uma discussão. A precipitação faz julgarmos errado as pessoas.

No primeiro livro de Samuel,[22] lemos a história de Hannah, uma mulher casada e triste. Na verdade, Elkanah tinha duas mulheres, Peninnah e Hanna. Peninnah tinha filhos com Elkanah e Hanna, a mulher principal, não. Isso a frustrava, embora fosse a preferida. Um dia, ela foi ao templo rezar para pedir um filho. Por não rezar em voz alta e só balbuciar, Eli, o sumo sacerdote, julgou que ela estava bêbada e a repreendeu com arrogância, mandando-a ficar sóbria. Ela foi julgada erroneamente. Após o ma-entendido, a profetisa avisou que ela teria filhos, e ela, de fato, teve. Não um, mas seis filhos.

---

[22] 1 *Samuel* 1.

Um desses filhos, Samuel, foi comparado a Moisés. Esse julgamento precipitado que todos nós fazemos nos compara a Eli. Por isso, não devemos nos precipitar em julgar as pessoas. Mesmo falar mal de uma pessoa se inclui nessa lição.

17

EVITAR AS MÁS COMPANHIAS

Gente ruim é o que não falta: podem ser colegas, vizinhos, parentes, empregados. É uma tremenda ingenuidade achar que poderemos mudá-los. Se o seu vizinho é um espírito de porco, estaciona o carro na vaga de deficiente, fura fila no mercado, ele é mau e não vai mudar. No tratado ético *Piket Avot*:

> Nittai de Arbel disse: "Mantenha distância do próximo que é perverso; não faça amizade com uma pessoa malvada..."[23]

Por outro lado, se você vir um vizinho fazendo algo errado e decidir ajudá-lo, mostrando o lado certo, você pode ser bem-sucedido, caso ele aceite sua orientação. Mas, se ele não tiver vontade de escutar, se não entender que você está tentando ajudá-lo, se não tiver

---

[23] *Pirkei Avot*, capítulo 1, 7.

aquela centelha de humildade, caia fora, é um caso perdido. Afaste-se dele, ele é um malvado, pode até te trazer para o lado ruim.

Juntar-se a uma pessoa desonesta fará com que fique com fama de desonesto também e ainda poderá tornar-se o mesmo que ele. Imagine uma sociedade em que cada um tenha 50%, mesmo que, internamente, você seja contra práticas erradas, as pessoas que estão vendo de fora podem achar que você está de conluio com o sócio que está agindo de forma errada.

Temos outro exemplo disso no livro de Oscar Wilde[24], *O retrato de Dorian Gray.* No livro, Lord Henry foi o maior influenciador de Dorian Gray. Antes de conhecê-lo, o jovem não tinha a ambição da beleza eterna. Mas, com uma personalidade cínica, libertina e bastante inteligente, Henry coloca suas ideias na cabeça de Dorian sem que ele perceba.

---

[24] Oscar Wilde (1854-1900) foi um influente escritor, poeta e dramaturgo irlandês. Depois de escrever de diferentes formas ao longo da década de 1880, tornou-se um dos dramaturgos mais populares de Londres, em 1890. Hoje ele é lembrado por seus epigramas, peças e livros.

18

PAGAR RÁPIDO O SALÁRIO

> Não oprimirás o trabalhador... no mesmo
> dia lhe pagarás o salário (....) porquanto
> é pobre e conta com isso.[25]

O interessante é que o Talmude, escrito no ano 500 depois de Cristo, já previa leis trabalhistas jamais sonhadas em todo mundo ocidental. Discutindo a proibição bíblica de atrasar o pagamento dos trabalhadores, lê-se: "quem retém o salário de um funcionário é como se o privasse de sua vida." O Talmude adverte que os empregadores que retêm salários são culpados de seis violações: oprimir um vizinho, roubar, oprimir os pobres, atrasar o pagamento de salários, deixar de pagar salários no vencimento e deixar de pagar salários antes do pôr do sol. Esse princípio foi considerado tão sagrado que os sábios talmúdicos reverteram o ônus da prova sob o direito contratual nos casos que envolviam disputas pelo pagamento de salários.

---

[25] *Deuteronômio* 24:14-15.

No livro *Arriscando a própria pele*, *best seller* do autor Nicholas Taleb[26], se você indica alguém para um trabalho, você é o responsável por essa pessoa. Seria algo parecido, mais de mil e quinhentos anos depois, com algo já previsto no Talmude: se os empregadores direcionam seus trabalhadores para trabalharem (no caso artesão) para outra pessoa, eles são responsáveis pelo pagamento dos salários dos trabalhadores; os trabalhadores não precisam tentar cobrar do empregador a quem foram designados.[27]

Outra beleza do Talmud: se um empregado desiste de trabalhar no meio do serviço, ele pode e deve receber proporcional. Isso porque simplesmente o trabalhador não pode ser escravizado. Quando ele está trabalhando se envolve numa rendição temporária de independência, e pode desistir a qualquer momento. Esse direito do empregado está no versículo bíblico: "para mim, os filhos de Israel são servos", e o Talmude acrescenta, "mas não são servos de servos".

Pagar imediatamente o salário do empregado na hora ou no dia de vencimento é sempre o mais certo a fazer. Não atrasar, não procrastinar, é um dever moral, ético e civilizatório de qualquer empregador, quem não o faz é mau caráter. Leis trabalhistas modernas estão aí para isso, para defender direitos. Quando você se preocupa

---

[26] Nassim Nicholas Taleb (Amioun, 1960) é um autor libanês-americano, ensaísta, estatístico e analista de risco, formado em matemática. Residente nos Estados Unidos, Reino Unido e Líbano, é conhecido por ser um megainvestidor do mercado financeiro, sendo professor do Instituto Politécnico da Universidade de Nova York e presidente da empresa de investimentos Empirical, atuando também como assessor para o grupo Universa.

[27] *The Universal Jewish Encyclopedia*, vol. 6, p. 502

com seus empregados, quando você cuida de quem cuida de você e de sua família trabalhando para você, você está cuidando do seu patrimônio. Se fatores externos impedem que um trabalhador conclua a tarefa que lhe foi atribuída — por exemplo, se uma tempestade interrompe a colheita ou uma pessoa doente contratada para ajudar morre — na maioria dos casos, ele é compensado com o pagamento pelo dia inteiro. Os rabinos entendiam que esse trabalhador conta com seu salário do dia e não aceitaria o emprego se não fosse a promessa de um determinado salário.

19

OBRIGAÇÃO DO EMPREGADO

Da mesma forma que os empregadores são proibidos de atrasar o pagamento dos trabalhadores, os funcionários devem trabalhar diligentemente e não roubar o tempo dos empregadores. Talvez a contribuição mais significativa da Torá seja a ideia do sábado, um dia de descanso. Tanto no espírito, como na prática, os mandamentos religiosos relativos à contratação de trabalhadores estão imbuídos de respeito aos direitos trabalhistas, e algumas leis religiosas judaicas antecipam a lei trabalhista secular atual em milhares de anos. O direito ao pagamento imediato é uma obrigação central do empregador.

A compreensão da desigualdade essencial entre empregadores e empregados de baixa remuneração leva os rabinos a impor obrigações adicionais aos empregadores e a aumentar os privilégios dos empregados. É permitido aos funcionários comer da colheita que estão colhendo (a Torá geralmente ensina com situações de agricultores e agricultura) e pode parar de trabalhar no meio do dia, desde que isso não cause danos irreversíveis ao empregador.

Em um caso, o Tosefta (um trabalho rabínico do século II) exigia que um trabalhador fosse pago integralmente, mesmo depois de quebrar um jarro que foi contratado para transportar. Lá, o texto se refere ao versículo bíblico: "Siga o caminho do bem e siga o caminho dos justos".[28] Mesmo assim, o Tosefta explica que a letra da lei pode não exigir o pagamento, mas o espírito da lei obriga o empregador a cuidar do trabalhador, que depende de seus salários para sobreviver.

---

[28] Provérbios 2:20.

20

RESPEITAR PAI E MÃE

Respeitar e honrar pai e mãe não é o mesmo que amar! O que significa então? Nas tábuas da lei, que Moisés recebeu no Monte Sinai,[29] diz: honrarás pai e mãe. Em *Levítico* 19:3, respeite, cada um de vocês, a sua mãe e o seu pai.

Honrar é jamais deixar seus pais passarem fome, necessitarem de ajuda médica, não envergonhá-los em público... Não se fala em amar, em gostar deles, ficar ligando todo dia paparicando. Devemos reverenciá-los, abrir a porta para eles, se gostam de se sentar na cabeceira da mesa como sempre o fizeram, não pegar o seu lugar. Existem muitos filhos que tiveram relações horríveis com seus pais, muitos ressentimentos e até maus tratos. Dos mandamentos de honrar pai e mãe, esse é um dos poucos que promete recompensa, quem honra terá vida longa (Êxodo 20:12). Mas não te obriga a amar.

---

[29] Do grego, o Monte Sinai (também conhecido em hebraico como Monte Horebe, ou em árabe como Jebel Muça, que significa "Monte de Moisés") está localizado ao sul da península do Sinai, no Egito. Essa região é considerada sagrada por três religiões: Judaísmo, Cristianismo e Islamismo.

Por exemplo, nos Estados Unidos, os idosos costumam ficar em segundo plano. Embora os americanos idosos recebam benefícios do Seguro Social e do Medicare, que eleva milhões acima da linha de pobreza federal, os filhos os abandonam em lares de idosos, mesmo não tendo gasto econômico com seus pais. Isso é um exemplo de falta de amor ou de honra com os pais!

> No início, os filhos amam os pais.
> Depois de um certo tempo, passam a julgá-los.
> Raramente ou quase nunca os perdoam.
>
> Do livro *Uma mulher sem importância*.[30]

Bernard Lawrence Madoff[31] foi denunciado por seus filhos Andrew e Mark Madoff ao FBI e ele foi detido e preso, em 11 de dezem-

---

[30] Volto a citar Oscar Wilde, tão importante é ele na literatura mundial. Em 1892, ele inicia uma série de histórias de sucesso, hoje clássicos da dramaturgia britânica: *O leque de Lady Windermere, Uma mulher sem importância, Um marido ideal* e *A importância de ser prudente*. Neste último, o ar cômico começa com o título ambíguo: Earnest, que significa sério, honesto, em inglês, tem o mesmo som de Ernest, nome do protagonista. Ele publica contos como *O príncipe feliz, O gigante egoísta, O rouxinol e a rosa* e *O crime de lord Artur Saville*. Seu único romance foi *O retrato de Dorian Gray*.

[31] Bernard Lawrence "Bernie" Madoff (1938) foi o presidente de uma empresa de investimentos, fundada em sua homenagem, em 1960. Madoff também foi uma das principais figuras da filantropia judaica. Em dezembro de 2008, Madoff foi preso pelo FBI e acusado de fraude. O juiz federal Louis L. Stanton congelou os bens de Madoff. Suspeita-se que a fraude atingiu mais de US$ 65 bilhões, tornando-se uma das maiores fraudes financeiras realizadas por uma pessoa.

bro de 2008. Cumpre uma pena de 150 anos por realizar uma das maiores fraudes financeiras nos Estados Unidos, chegando a sessenta e cinco bilhões de dólares. Seria o caso de honrar pai e mãe e não denunciar o pai pelos seus crimes! Um pai que colocou seus filhos numa situação ruim, de vergonha e humilhação, ao mesmo tempo era um pai afetuoso, carinhoso, deu roupas, estudo e alimentação aos seus filhos. Eles poderiam trabalhar em outro lugar, ser médicos, advogados, mas preferiram o conforto do dinheiro do pai, já ascendendo ao cargo de chefia. Esses mesmos filhos resolveram denunciar o pai desonesto, causando a prisão.

21

NÃO FALAR MAL DO AMIGO

Lashon Hará, famosa língua malvada, quem a usa, perde amigos e afasta as pessoas. Lashon Hará significa fofoca, calúnia. Às vezes, o fato que você narrou pode até ser verídico, mas não se deve espalhá-lo.

Lembramos logo da peça *Otelo, o Mouro de Veneza*, de William Shakespeare[32], que narra como Otelo assassinou a própria esposa por acreditar que ela o havia traído, devido a uma calúnia.

Israel Meir Kagan, rabino da primeira metade do século XX, escreveu um livro intitulado *Shemirat Halashon*, recompensa e castigo por controlar nossa fala. Toda *mitzva* tem sua recompensa, e todo pecado tem sua punição. A *mitzva* de não falar Lashon Horá tem uma vantagem extra. Não apenas a pessoa será recompensada em Olam Haba, como será conhecida como uma pessoa agradável e amigável, e também terá muitos amigos neste mundo. Em Olam

---

[32] William Shakespeare (1564-1616) foi um poeta, dramaturgo e ator inglês, considerado o maior escritor da língua inglesa e o dramaturgo mais influente do mundo. Ele é frequentemente chamado de poeta nacional da Inglaterra e "Bardo do Avon" (ou simplesmente "O Bardo"). De suas obras, inclusive as em colaboração, foram 38 peças, 154 sonetos, dois longos poemas narrativos e mais alguns versos esparsos, que constituem autoria ainda controversa.

Haba, suas palavras de oração e estudo da Torá terão uma santidade especial, pois ele manteve seu discurso puro.

Lashon Hará literalmente significa "conversa má". Isso significa que é proibido falar negativamente sobre outra pessoa, mesmo se for verdadeiro.[33] Também é proibido repetir qualquer coisa sobre outra pessoa, mesmo que não seja negativo. Isto é chamado Rechilut.

É proibido também escutar Lashon Hará. A pessoa deve repreender quem fala ou, se não for possível, deve afastar-se daquela situação. Para não ser prejudicada, não prejudicar quem fala e de quem se está falando. Mesmo se alguém já tiver ouvido Lashon Hará, é proibido acreditar. Pelo contrário, a pessoa deve sempre julgar o próximo de maneira favorável.[34] É proibido até fazer um movimento que seja pejorativo na direção de alguém. Não se pode sequer relatar um evento negativo sem usar nomes, se os ouvintes puderem descobrir quem está sendo mencionado.[35]

Os rabinos disseram algumas coisas severas sobre Lashon Hará. É pior do que os três pecados capitais — idolatria, adultério e derramamento de sangue — combinados. Mata três pessoas: aquele que o fala, aquele de quem é falado e aquele que o recebe.

Apesar disso, pode-se suspeitar que o Lashon Hará é verdadeiro, e tomar as precauções necessárias para se proteger.

---

[33] *Salmos* 34:13
[34] Ver *Shulchan Aruch Harav, Orach Chaim* 156-10.
[35] *Parashá Kedoshim Vaykra* 19:16.

Veja *Yirmiyahu*, capítulo 41, onde é contada a história de como Guedalia não acreditou em Lashon Hará, e assim permitiu que seus adversários entrassem em seu palácio. Eles terminaram por matá-lo, bem como a maior parte de seus homens.

22

ARRANJAR EMPREGO

Maimônides[36], nascido em 1138, diz que a mais alta forma de caridade é a oferta de emprego. Isso é uma verdade, o que mais pode mudar nossa vida é um emprego. Quantas histórias conhecemos de crianças pobres que recebiam empregos e ajudavam a família, depois ficaram ricas! Quantos homens desempregados que agarram com força a oportunidade de um emprego!

Existe um filme chamado *O estagiário*, com Robert de Niro, em que ele, embora rico, consegue um emprego simples e segue vida nova. Algumas pessoas simples o que mais querem é um emprego, sem dúvida, querem ser úteis. Assim, se esforce em arranjar um emprego para alguém. Caso você não tenha como dar esse emprego, não custa nada dar uns telefonemas para tentar consegui-lo, divulgar

---

[36] Maimônides foi a figura intelectual central depois do judaísmo medieval e hoje é a segunda autoridade em relação à lei dada a Moisés no Sinai. Nascido em Córdoba, no Império Almorávida (1135- 1204) foi rabino, médico e filósofo marroquino no Egito, onde faleceu, seu corpo foi transferido para a Galiléia e sepultado em Tiberíades. Como o principal líder do rabinato moderno (da história judaica) sua *Mishna Torá* de quatorze volumes ainda carrega autoridade significativa, como uma grande obra de decodificação da lei mixnaeana-talmúdica.

nas redes sociais e, sempre que falar com um amigo, lembrar que pode ser oferecido um emprego para uma pessoa que você conhece. Caridade não pode parar nem tem hora para ser feita.

Também aprendemos que o mais alto nível de caridade é ajudar alguém a se tornar autossuficiente, em vez de ajudá-lo com necessidades imediatas. Por isso, quando casamos com uma mulher mais simples, se temos amor por ela, não basta dar um cartão de crédito e deixar que ela vire uma dondoca. Se amamos nossa mulher, é importante estimulá-la a ter um trabalho para que ganhe seu dinheiro, e que esse dinheiro seja dela, já que não precisa dividir conta. Que ela possa, com esse dinheiro, fazer coisas que não precise comunicar a você, como ajudar a família dela ou ter seus segredinhos.

23

TER MUITO E TER TUDO

Essa é a conversa entre dois irmãos: um que almeja muitas coisas e outro que se satisfaz com o que tem, embora seja rico. Essa história está na Torá, é sobre os irmãos Esaú e Jacó. Jacó, depois de anos como fugitivo, ainda tinha uma vida infeliz e difícil. Ele havia trapaceado seu pai e, em seguida, seu sogro o trapaceara, por ter se apropriado da bênção do irmão.

Mas a história dos irmãos é uma sutil história de ambição e realização. Ambos ficaram ricos, ambos tinham um exército. Jacó enviou presentes que acalmaram a raiva do irmão, que cada vez que se aproximava mais presentes caros recebia.

Aprendemos, nessa história tão criativa, uma segunda lição — a primeira já aprendemos, a arte de presentear, na lição 5 —, agora, o que significa ter muito e ter muito de tudo? O que aprendemos, de acordo com o irmão fugitivo, é que devemos ser gratos pelo que temos, ter muito é uma percepção pessoal, não dos outros. Devemos ter o que desejamos para nossa satisfação, e não para os outros. Não devemos ter para competir, mas para nos satisfazer .

24

SER *MENSCH*

Mensch é uma palavra incrível no judaísmo. Ser *mensch* é ser aquele ser humano maravilhoso, sensível, aquele indivíduo que tem compaixão, empatia pelo outro. Aquela pessoa admirável, em que os outros se inspiram. Essa pessoa pode ser um amigo, um familiar ou nós mesmos, se nos esforçarmos.

Um belo exemplo de ser *mensch* é o de Aaron Fauertein, nascido em 1925 e vivo até hoje, judeu americano, que estudou na Universidade de Yeshiva, é empresário e teve sua fábrica, Malden Mills, incendiada na véspera do natal de 1995. Ele empregava três mil pessoas nessa fábrica e estava com 70 anos. Seus empregados esperaram o pior, faltaria o pagamento, passariam fome, ficariam desempregados, seria um natal desesperador. Mas graças à postura de Aaron, que gastou do seu bolso o valor para pagar todos, não foi assim. Eu pergunto: existia uma lei que o obrigasse a isso? Claro que não! Havia algum dispositivo legal na lei americana que o obrigasse a ser assim? Não, ele fez isso porque quis, porque era o certo a fazer.

Agora, um exemplo de falta de *mensch*: uma advogada bem-sucedida resolveu dar uma festa em sua bela casa, e impôs que sua secretária e alguns empregados mais simples fossem na festa para comemorar o seu aniversário. Ela não se preocupou se para eles faria falta o dinheiro da passagem, simplesmente impôs o convite, não aceitando um "não" como resposta. Todos foram, com medo de perder o emprego por ofender a advogada vaidosa e egocêntrica. Se ela fosse *mensch*, teria se preocupado em como ajudá-los a ir à festa, pagando a passagem deles. Mas o que ela queria era a casa cheia de supostos amigos simples, que nunca teve.

25

PRATICAR A CARIDADE

Caridade, uma palavra tão forte que nos faz pensar que é melhor ser caridoso do que precisar de caridade. Qual é o impacto da caridade em nossa vida? No livro *Give and Take*[37] [Dar e receber], Adam Grant mostra com apenas três exemplos como a doação pode impulsionar sua vida. Para ele, temos três tipos de doadores: os tomadores, os compensadores e os genuinamente doadores. Maimônides*, nascido em 1138, ou seja, mil e quinhentos anos antes de Adam Grant, já enumerava sabiamente os tipos de doações e como elas refletem nossa vida. Ele descreveu oito modos de caridade:

---

[37] *Give and Take* (Dar e receber) é um livro de negócios do autor Adam Grant sobre como a motivação dos líderes mais bem-sucedidos de hoje chega a uma explicação simples, mas decisiva: há pessoas que dão, pessoas que recebem, pessoas que combinam e pessoas que fingem. O livro ajuda a entender como maximizar sua eficácia e ajudar os outros simultaneamente.

a) dar tristemente;
b) dar com alegria, mas menos que o apropriado;
c) dar somente depois de ter sido solicitado;
d) dar antes de ser solicitado;
e) doar sem que o doador saiba quem é o destinatário;
f) doar sem que o destinatário saiba quem é o doador;
g) doar sem que o doador nem o destinatário conheçam a identidade um do outro;
h) arranjar um emprego para alguém.

26

OLHAR POR FORA

Podemos encontrar essa orientação no livro *Tanya*[38], um dos livros mais poderosos e potencialmente transformadores da sabedoria judaica, escrito em 1797 pelo rabino Schneur Zalman de Liadi, fundador do hassidismo de Chabad.

As aparências enganam: eu lembro de quando era pequeno e acompanhava meu pai nos leilões. Certa vez, ele foi fazer um grande leilão da companhia aérea Vasp, vários interessados foram participar e chegaram em seus carros caros. O imóvel a ser leiloado era bem caro, e a marca de carro que mais se via no pátio era Landau, um dos mais caros da época, uma espécie de limousine brasileira.

Então, chegou um interessado com roupas simples, não estava de terno, não tinha a barba feita — a barba era enorme, por sinal. Chegou de bicicleta ao leilão, quem passasse por ele acharia que era um curioso, mas, na verdade, era um comprador. Ele não só comprou o imóvel caríssimo, como muitos outros conosco depois. Imagine se não o tivéssemos tratado com respeito, por causa de suas roupas, o quanto teríamos perdido...

---
[38] O livro *Tanya*, uma das obras mais influentes do pensamento espiritual judaico, foi escrito pelo Rebe chassídico Rabi Shneur Zalman de Liadi (1745-1812).

27

RESPEITAR A MULHER, SEMPRE

Um homem deve amar sua esposa como a si mesmo
e respeitá-la mais do que ele próprio.[39]

Relacionamentos dão errado não porque homens fazem isso ou aquilo, mas por deixarem de fazer muito pouco para suas mulheres. Não basta ficar dizendo "eu te amo", "eu não vivo sem você", casamento e relacionamento é atitude. E o respeito é a atitude que um homem deve ter sempre em relação à sua mulher.

---

[39] *Efésios* 5:25.

28

RESISTIR ÀS TENTAÇÕES

Oscar Wilde dizia :

> A única maneira de libertar-se de uma tentação é entregar-se a ela. Resista, e sua alma adoecerá de desejo das coisas que ela a si mesma proibiu, com o desejo daquilo que suas leis monstruosas tornaram monstruoso e ilícito.
>
> *O retrato de Dorian Gray*

Será que estava certo? Seu destino foi trágico, morreu jovem e antes de morrer esteve na prisão, onde escreveu o poema *A balada do cárcere de Reading*, morreu pobre, esquecido e longe de seus filhos. Foi preso pela vaidade de querer enfrentar um tribunal quando poderia não ter feito. Quis assumir publicamente a sua homossexualidade, algo considerado escandaloso na época vitoriana.

E a religião judaica, o que fala sobre tentação? Devemos evitá-la! Existe até uma reza que se deve dizer pela manhã para evitar cair em tentação. Mas a reza basta? Resistir a uma tentação é uma decisão inegociável, é como uma sentença irrevogável, e é isso que devemos ter em mente.

Há uma expressão profunda na Cabala sobre a maneira com que uma pessoa deveria lidar com fantasias, impulsos e pensamentos destrutivos e imorais: "Você deve empurrá-los para longe com as duas mãos", disse Rabi Shneur Zalman de Liadi em seu *Tanya*.

> Às vezes, você pode empurrar um pensamento negativo somente com uma mão. Ao lutar e argumentar com o impulso, você o valida. Com efeito, enquanto o está empurrando com uma das mãos, você o está convidando a voltar com a outra mão.
>
> Rabino Yosef Y. Jacobson

Então não devemos discutir; se argumentarmos, damos margem a perdermos a discussão, por isso o rabino usa a expressão "com uma mão".

29

CUIDADO COM A ARGUMENTAÇÃO

Por vezes, pessoas inteligentes acabam se esquivando de fazer o certo por meio da sua capacidade de argumentação. Pessoas inteligentes induzem o mais fraco a pensar e aceitar a boa argumentação.

Li em uma dessas revistas do *Lubavitch*[40] uma história em que dois sábios, depois de muito estudarem, receberam um prato com dois biscoitos, um pequeno e quebrado e um grande e apetitoso. Os dois queriam o pedaço maior, mas se servir primeiro mostraria falta de educação. Depois de muita hesitação, um deles se serviu do pedaço maior. O outro ponderou, então, que estava decepcionado pela falta de humildade e educação do companheiro. Em seguida, o primeiro logo perguntou: se fosse você, o que faria? O segundo respondeu que pegaria o pedaço menor, ao que o segundo responde: deixei o pequeno para você, que o está reclamando.

---

[40] Chabad Lubavitch, também conhecido como Chabad, ou Lubavitch é uma das ramificações do hassidismo e uma das maiores organizações judaicas do mundo. Fundado pelo rabi Shneur Zalman de Liadi, o movimento Lubavitch é guiado por líderes conhecidos como Rebes.

Adolph Hitler, quando invadia cada país, tinha sempre uma justificativa inteligente. Por exemplo, boa parte dos países que ele invadiu possuía habitantes alemães, como a Áustria e a Tchecoslováquia. Assim, sob a justificativa da criação de um só estado e, claro, com suas argumentação inteligente, sempre conseguiu que países concordassem com ele, como a Inglaterra e a França no início.

30

TER CORAGEM

"Queria que você visse o que é realmente coragem, em vez de pensar que coragem é um homem com uma arma na mão. Coragem é quando você sabe que está derrotado antes mesmo de começar, mas começa assim mesmo, e vai até o fim, apesar de tudo. Raramente a gente vence, mas isso pode até acontecer."

Essa frase está no livro *To Kill a Mockingbird* [O sol é para todos], um romance de Harper Lee. O livro é narrado por Scout, filha do personagem do livro que é o advogado. No filme homônimo, esse advogado defende um homem negro acusado de estuprar uma mulher branca, em uma região onde existia muito racismo. O pobre homem era inocente, mas ninguém queria defendê-lo pela cor de sua pele. A frase forte citada acima é o que que li e aprendi dentro do judaísmo! A coragem milenar de um povo, dos sábios e das escrituras.

A resposta a essa questão encontra-se no *Mishná*, em *Pirkei Avot*, Ben Zoma disse:

Quem é uma pessoa forte? Alguém que subjuga sua inclinação ao mal, como achamos expresso no verso: 'Alguém que não' perde a paciência é melhor do que um homem forte, e alguém que controla seu espírito é melhor do que alguém que conquista uma cidade.

A coragem a gente conquista, a gente adquire, ela não nasce conosco. Se pensamos em Moisés, ele precisou de coragem para tirar o povo hebreu do Egito. Nunca antes um judeu ameaçou fugir do Egito, então, Moisés não saiu com um judeu apenas, mas com todos. Ele precisou de coragem para mantê-los vivos.

31

COMER *KOSHER*

Comer *kosher* é mais do que investir na saúde, é respeitar e reverenciar o judaísmo. De uns anos para cá, virou moda seguir esse tipo de alimentação, em todo o mundo alguns lugares de refeição se orgulham em colocar o selo *kosher* em sua porta. E não são só judeus que comem nesses estabelecimentos, mas todo tipo de pessoa que aprecia a comida saudável, feita nos preceitos judaicos. Nas gôndolas da maioria dos supermercados americanos, existem setores inteiros de comida *kosher*, que vão desde salsichas até o mais simples biscoito. Curioso que, em pleno século XXI, estejamos sendo regidos por normas de alimentação de mais de dois mil anos. O que nos faz perguntar como eles sabiam o que é básico: que porcos, coelhos, esquilos, camelos, cangurus ou cavalos, aves predadoras ou sequestradoras, como águias, corujas, gaivotas e falcões, animais de rapina, crustáceos, peixes só com escamas e barbatanas e insetos não devem ser comidos (com exceção de quatro espécies de gafanhoto), pois podem nos fazer muito mal. Também não se deve misturar carne e leite. Os animais têm um processo próprio de matança para não ocorrer sofrimento, um respeito ao próprio animal.

Mas não é só sobre comida *kosher* que encontramos nos livros e nas escrituras. O jornal *Jerusalem Post* fez uma matéria com a jornalista Judy Seigel, em 2013, falando das incríveis sugestões de Maimônides para a nossa saúde: os grãos inteiros. Maimônides aconselhou comermos esses grãos por serem melhores para a digestão do que a farinha branca. Ele também sugere evitar a "carne grossa", pois sua digestão é "difícil para o estômago". Ele endossou fortemente frutas e vegetais como parte regular da dieta diária e beber água fria cerca de duas horas depois de comer, quando a digestão já tiver começado. Maimônides escreveu muito sobre como manter limpo o ar que respiramos, observar uma dieta adequada e "regular emoções, exercícios, sono e excreções". Ele até já havia observado os aspectos psicossomáticos da asma e a abordagem holística das doenças.

Apenas mudar de Alexandria para o Cairo, com seu ar melhor, melhorou a asma, escreveu o Rambam. As pessoas não devem se exercitar em ambientes com extremos de frio ou calor, ou imediatamente após comer. Ele exortou as pessoas a não comerem demais, levantando-se da mesa antes de se saciarem. "A promoção da saúde não era menos importante para Maimônides do que cuidar dos doentes", escreveu Kottek[41]. O Rambam deu conselhos sobre "como

---

[41] O professor Samuel Kottek (professor emérito de história da medicina na Universidade Hebraica) e o professor Kenneth Collins (historiador médico da Universidade de Glasgow) escreveram e editaram o livro *Moses Maimonides and His Pratice of Medicine*. O volume em inglês foi publicado pelo Instituto de Pesquisa Maimônides de Haifa e Nova York e inclui capítulos de 10 autoridades sobre vários aspectos do trabalho médico do Rambam. É importante não só para pessoas da medicina, mas também para leigos interessados na promoção da saúde, filosofia judaica e história.

comer, o que se pode ou não comer, como praticar exercícios, tomar banho, dormir e como ter relações sexuais". Embora quase não mencione a cirurgia, frequentemente discutia plantas — tanto frutas quanto vegetais — para tratar os seus pacientes. Alguns, como o ruibarbo, eram usados para limpar o corpo de humores prejudiciais, outros, para tratar enxaquecas, asma, tosse e constipação. Entre sua coleção de medicamentos, estava o endro, a erva-doce, o feno-grego, o dedo, o hissopo, o suco de beterraba, o bórax, o aipo, a canela, o marmelo, o açafrão, o gergelim, o alcaçuz e o pinhão.

Kottek destaca a importância que o Rambam deu ao relacionamento próximo entre o médico e o paciente, levando em consideração a psicologia e tomando cuidado para não prejudicá-lo. Se o paciente não confiar totalmente em seu médico, o processo de cura não irá longe, acreditava o Rambam, "Pois cada indivíduo doente sente seu coração contraído e cada pessoa saudável sente sua alma espalhada".

32

VALORIZAR A PRODUTIVIDADE

Ensinar seu filho a ser produtivo, ensinar algo que vai usar no futuro, na vida prática, que possa ser um meio de sustento, independente dos estudos. Um pai religioso pode ensinar bons modos ao seu filho, orientar que ele aprenda tudo sobre a Torá, mas, mesmo assim, o filho pode ser um inútil improdutivo. No Talmude babilônico, consta que o pai deve ensinar um ofício ou profissão ao filho, pois, do contrário, ele pode virar um ladrão. No século XXI, é improvável ensinar alguém a ser artesão, a fazer sapato, por exemplo. As profissões não são as mesmas que existiam na época do Talmude, mas podemos ensinar uma segunda língua, a ser bom no computador. Hoje em dia, a profissão de datilógrafo não existe mais, mas podemos ter professores de computação, podemos fazer programas para computador. Então, podemos ensinar os filhos a dirigir — embora seja uma tendência que está acabando, adolescentes querem menos hoje em dia dirigir —, mas podemos ensiná-los a cozinhar ou cuidar da casa.

33

SE ALGUÉM TE QUISER MATAR, ACORDA CEDO E MATA PRIMEIRO

Não se encontra no judaísmo o conceito de que se deve "dar a outra face" quando atacado. No Talmude, é ensinado o seguinte: *ha-ba le--horgekha, hashkem le-horgo* — se alguém vier planejando matá-lo, você deve se apressar para matá-lo primeiro.

Acredito que, por analogia, pode-se enquadrar esse ditado em várias situações. Numa concorrência comercial, por exemplo. Se você tiver um concorrente e ele agir deslealmente com sua empresa, de forma a tentar exterminar o seu trabalho, e isso acarretar perda de clientes, podendo gerar menor ganho ou aniquilar seu negócio, se isso que lhe fizer ganhar menos dinheiro para seu sustento ou até a perda total da empresa, podendo levar toda a família a momentos difíceis ou à miséria, então, você poderá usar da mesma deslealdade em dose maior contra seu concorrente, destruindo a empresa concorrente.

34

NÃO SE PREOCUPAR COM O PASSADO

Se nos preocuparmos por não termos feito nada no passado e pararmos, podemos ter uma depressão. Se pensarmos que já estamos velhos e não temos mais saúde nem disposição para fazer mais nada, ficamos desencorajados, pois percebemos que já tivemos mais tempo de vida vivida do que de vida por viver. Mas esse pensamento é um erro, devemos pensar que o que importa é o que vem daqui para frente, e não o que deixamos de fazer. Isso é um passado remoto.

No judaísmo, grande feitos foram realizados por pessoas mais velhas: o nascimento de Isaac, filho de Sara; o próprio Moisés, que tirou os judeus do Egito, foram feitos em idade mais avançada.

Temos, por exemplo, a história de Kasinski[42] que, com oitenta anos, se desvinculou da empresa que tinha criado e montou uma

---

[42] Em 1951, Abraham Kasinski percebeu que a empresa fundada por seu pai teria os dias contados se ele continuasse a depender de produtos importados. Foi então que convenceu um dos irmãos a investir numa fábrica e com ele criou a Cofap. Kasinski permaneceu na Cofap até 1997, quando vendeu sua participação. Quando Abraham Kasinski desistiu do Cofap aos 80 anos, ele tentou descansar e se desconectar da vida profissional. Mas a vocação e a vontade de voltar ao mundo dos negócios foram mais fortes. Ele partiu para um novo empreendimento: a Kasinski Fábrica de Veículos,

fábrica de motocicleta, em 1999. Temos também a história da rede de loja KFC; de Henri Nestlé; de Joseph A. Campbell — Sopas Campbell's; John Pemberton — Coca-Cola; Charles Flint — IBM; Ray Kroc — McDonald's.

O sucesso se dá para quem não olha para trás.

---

inaugurada em 1999. Com uma fábrica localizada no Pólo Industrial de Manaus, a empresa iniciou suas atividades produzindo motocicletas a preços baixos, pouco antes de conquistar importante participação de mercado.

35

DESCANSO SEMANAL

Acredito que muitas das leis trabalhistas foram realmente inspiradas no judaísmo, através da Torá, do Talmude e outros tratados. O descanso do Shabat, por exemplo, não tem nada mais incrível do que você se revigorar. Essa é uma ideia mais do que copiada, de justiça social. O católico criou o domingo de descanso, copiando nosso sábado, mas que não é nada mais que um dia na semana de descanso, e o mundo criou as leis que protegem esse dia de descanso.

36

SER AMADO OU SER USADO

Kotzer Rebe[43] disse: "

> Você não ama o peixe. Se você o amasse, não
> o teria matado, cozinhado e comido.

Para nos ensinar uma lição como essa, encontramos o *mazal*[44] que escutei de um dos meus amigos rabinos, usando o rei Salomão, que pescou um peixe e falava em voz alta que amava o peixe, enquanto ia para seu palácio. O peixe estava todo feliz imaginando-se no enorme aquário sem perigo de outros predadores e rodeado de muitas fêmeas. Mas, quando foi direto para a cozinha, percebeu que o rei não gostava dele, e sim do que ele poderia proporcionar.

---

[43] Rebe Menachem Mendek de Kotzer (1787-1859), renomado líder chassídico e precursor da disnatia chassídica de Gur.
[44] *Mazal*, literalmente, significa "uma gota vinda de cima". A depender do contexto, *mazal* pode ter diferentes conotações, mas sempre está ligada a essa ideia de algo que pinga de cima.

37

EVITAR O GÊNIO EXPLOSIVO

Um quadro russo mostra Ivan, o Terrível[45], assustado por ter matado seu filho em um acesso de raiva. O velho Ivan golpeou a cabeça do filho com seu cetro, em seguida, com seu filho caindo no chão sangrando, e arrependido por seu ato, segurou o rapaz no colo enquanto morria. Ivan passou o resto da vida com remorso, mas não conseguiu trazer de volta seu filho de 27 anos. O maravilhoso quadro, um dos mais famosos quadros russos, pintado por Iliá Repin[46], em 1883, nos ensina o que um atentado de raiva não controlada pode nos fazer.

---

[45] Ivan IV (1530-1584), apelidado de Ivan, o Terrível, foi o Grão-Príncipe de Moscou de 1533 até a fundação do Czarado da Rússia em 1547, continuando a reinar como czar até sua morte. Seu longo reinado viu as conquistas do Canato de Cazã, Canato de Astracã e Canato da Sibéria, transformando a Rússia num estado multiétnico e multirreligioso abrangendo quase um bilhão de hectares.

[46] Iliá Efímovitch Repin (1844-1930) foi um pintor realista russo. Foi o mais renomado artista russo do século XIX. Desempenhou um papel importante em trazer a arte russa para a corrente principal da cultura europeia. Suas principais obras incluem *Barge Haulers no Volga*, *Procissão Religiosa na Província de Kursk* e *Resposta dos Cossacos Zaporozhianos*.

No tratado de ética dos pais (*Pirkei Avot*), temos o seguinte trecho:

> Há quatro tipos de temperamento: a) aquele que se enfurece e se acalma facilmente, sua parte positiva ultrapassa a negativa; b) aquele que é difícil de enfurecer-se e de acalmar-se, sua parte negativa é superada pela positiva; c) aquele que é difícil de enfurecer-se e fácil de acalmar-se é piedoso; d) aquele que se enfurece facilmente e é difícil de apaziguar é perverso.

De fato, tanto o pai como o filho eram perversos, sádicos e cruéis. Todos tinham medo de ambos, mas matar o próprio filho nunca foi a intenção do pai.

Não é apenas a agressividade física que destrói e mata, as palavras também podem ser mortíferas, ferem tanto que causam muitas rupturas entre as pessoas inclusive entre pais e filhos. Meu pai dizia que palavras, quando saem da boca, são como pasta de dente, não se consegue mais devolver para o tubo.

Uma história incrível que se encontra na biografia de Abraão Lincoln: Quando lutava na mais sangrenta guerra da América do Norte com o Sul, pela liberdade dos escravos, a conhecida batalha de Gettysburg de 1863, as forças de Lee fugiram para a Virgínia. Lincoln ficou arrasado e revoltado. Sentou em sua mesa e redigiu uma carta zangada ao seu comandante dizendo o seguinte: "Se o senhor o tivesse atacado, teríamos concluído a guerra". Acrescentou: "Essa oportunidade dourada foi perdida, e estou imensamente incomodado com isso". Mas sua esposa não enviou a carta, e isso fez toda diferença. Ali estava o futuro presidente americano, movido pela raiva.

38

REI SALOMÃO

O mais conhecido julgamento bíblico é o do rei Salomão[47]. Ele acontece na história de duas mulheres que moravam juntas, cada qual com seu filho recém-nascido. Uma dessas mães teve seu filho sufocado e trocou os bebês sem que a outra soubesse. Após a troca, as duas foram ao rei Salomão reivindicar a posse do filho vivo. O rei usou uma estratégia: pediu uma espada e ameaçou dividir o bebê em dois, assim cada mãe teria sua metade e estaria resolvido o caso. No entanto, ao escutar isso, a verdadeira mãe abriu mão do bebê, desde que ele vivesse, enquanto a falsa mãe, que não tinha sentimento nenhum pelo bebê, já que o seu já havia morrido, não falou nada. Com essa atitude, o rei descobriu quem era a verdadeira mãe, pelos sentimentos maternos. Esse julgamento fez toda diferença e é um arquétipo de julgamento inteligente.

Qual lição podemos tirar do ato do rei? Desta vez, não a respeito da inteligência desse homem, mas a respeito da sabedoria dessa mãe. Muitos pais deixam de falar com seus filhos, perdem eles para

---

[47] 1 *Reis* 3: 16-28.

sempre, com rancor de ambas as partes, ressentimentos por escolhas dos filhos que não seguiram o caminho sonhado pelo pai, como uma faculdade disso ou daquilo ou até em não estudar. Essas atitudes são como se tivessem partido o filho ao meio e o deixado morto para sempre, pois os filhos se afastam e nunca mais são encontrados. O ressentimento cresce de ambas as partes e, com o tempo, a distância vira uma morte.

39

INSULTAR ALGUÉM EM PÚBLICO

Humilhar ou desrespeitar outra pessoa em público e mesmo chamar atenção da pessoa, contradizê-la, são atitudes que muitos chefes têm com seus subordinados, ou pais de família com seus filhos e esposa. Conheço um advogado que deu até um tapa na cara de um filho na frente de clientes, um marido que botou o dedo em riste para a mulher na frente de convidados. Ao ter essas atitudes, você cria ressentimentos na outra pessoa que poderão virar contra você: quem humilha esquece, quem é humilhado nunca esquece. Da mesma forma, não vale a pena ficar retrucando um idiota que tenta te humilhar, te expor ao ridículo, aprendemos a seriedade da proibição de humilhar e envergonhar o próximo. Dale Carnegie escreveu que provar que o outro está errado não vai fazer ele gostar de você.

> É melhor que a pessoa se jogue num forno quente do que envergonhe o próximo publicamente.[48]

---

[48] *Guemará* (*Berachot* 43b).

40

NÃO DEIXAR O BOLSO CORROMPER

Meu avô materno dizia que você vale o que tem no bolso. Eu concordo plenamente com ele. Existe até um ditado popular que diz que quando você tem dinheiro, é bonito, simpático e canta bem.

Mas tem outra coisa em relação ao dinheiro: nosso caráter se molda diante de uma situação quando temos dinheiro e quando não temos, na bebida ou na riqueza.

> Nós vemos como são os homens quando bebem,
> quando têm dinheiro e quando jogam.

41

ROBIN HOOD

Não existe Robin Hood no judaísmo. O dinheiro do roubo do Robin Hood é um dinheiro adquirido de forma desonesta, então é proibido usar dinheiro desonesto para caridade ou qualquer outro propósito religioso, como Deus disse ao profeta:

> O ladrão abençoa, mas [ao fazê-lo] despreza a Deus.[49]

Da mesma forma, quem tem dívidas excessivas deve pagá-las antes de contribuir de forma permanente para a caridade. Bernie Madoff era um grande doador, mas enganava pessoas para fazer grandes doações, algo lamentável de acordo com os salmos.

---

[49] *Isaías*, 61: 8.

42

APARÊNCIAS

Na Babilônia, os estudiosos talmúdicos usavam roupas identificáveis para que as pessoas os reconhecessem como estudiosos.

De fato, somos julgados pelo que vestimos, por nosso celular, se está com vidro quebrado e é velho, se é ultimo modelo, pelo nosso relógio, se é um Rolex, pelo sapato que usamos, pela marca do carro etc. Se vamos a um compromisso devemos sim nos importar com as aparências, são elas que vão causar uma boa impressão e seus modos e seu caráter devem manter essa impressão. O inverso é mais difícil e improvável, mas acontece. Estar bem-vestido gera atração e admiração. Se você vai a um lugar onde ninguém te conhece, deve ir bem-arrumado e é assim que vai criando sua reputação.

43

CUIDAR DO DINHEIRO DOS OUTROS

> Que o dinheiro do próximo lhe seja
> tão caro como o seu próprio.[50]

Esse conselho serve para filhos, sobrinhos, netos, advogados, funcionários de confiança, gerentes, empregados, servidores públicos e outros. Mais que a honestidade, nesse conselho está incluído o zelo pelo patrimônio do outro, isso vai além do zelo pelo que é privado, vai de como você cuida da sua cidade.

Um advogado, por exemplo, é contratado para dar um parecer na compra de um imóvel em leilão para um determinado cliente. Ele não pode simplesmente negligenciar o estudo dos riscos do negócio, ao contrário, deve ter a responsabilidade até sob o risco de não captar o cliente. Deve dizer se em determinado caso não valer a pena comprar aquele imóvel em leilão, mesmo que perca os honorários que lhe seriam preciosos

---

[50] *Pirkei Avot*, capítulo 2, 12a.

Uma empregada doméstica, quando recebe um pedido e pega uma soma em dinheiro para ir ao mercado comprar um pão deve, embora seja um preço pouco significativo, olhar o pão que vai agradar seus chefes. Do contrário, eles não irão comer, e o dinheiro deles será desperdiçado.

Em relação ao bem público, não devemos, sob pretexto de uma greve ou manisfestação contra atitudes governamentais, destruir uma lixeira que seja na nossa cidade.

44

GOSTAR DAS PESSOAS COMO SÃO

Nossos heróis possuem defeitos e qualidades, e nós os amamos por milhares de anos, e ensinamos aos nossos filhos e netos a os amarem. Por que será?

No judaísmo, temos figuras que cometeram atos que nos dão nojo, como Abraão, que, com medo de morrer, mandou sua mulher dormir com o faraó. O faraó, então, manda-a para o seu harém. Ele, passando-se por irmão da mulher, enriquece às custas dela.

O mesmo Abraão, nosso patriarca, estava disposto a matar seu filho, Isaac, e para isso fez todos os preparativos: colocou lenha no altar e o amarrou. Mas, por coincidência, o mesmo Abraão, pela ótica mulçumana, recebeu uma ordem para fazer o mesmo, só que com o outro filho. Ele engravida uma mulher e a abandona no deserto, Agar, que vem a ser a mãe de seu outro filho.

Ló, outro que nem deveria ser lembrado, engravida não uma filha, mas duas, e coloca a culpa nas meninas.

Moisés, por sua vez, mandou seu exército[51] atacar os midianitas[52]. Mas, após incendiar a cidade inteira, o exército matou todos homens e poupou as mulheres e crianças. Moisés, com raiva de ter suas ordens desobedecidas, ordenou que todos os meninos poupados fossem mortos, e as mulheres não virgens também, mas as virgens poderiam viver.

E nós, com uma briguinha de nada, até pelo WhatsApp, ou se não formos chamados para um casamento, por exemplo, esquecemos tudo de bom que a outra pessoa já fez imediatamente. Devemos perdoar o outro, já esquecer é outra coisa, não devemos esquecer dos erros e dos vacilos que cometem contra nós. Perdoar é algo divino, as escrituras perdoaram esses homens, mas não esqueceram. A prova é que soubemos desses relatos, que foram preservados nas escrituras e nos chegam até hoje.

Devemos perdoar mas nunca esquecer.

---

[51] *Números*, 31: "Então o Senhor falou a Moisés: 'Castiga os midianitas por terem levado à idolatria o povo de Israel. Depois disso, terás de morrer; serás recolhido para junto dos teus.'"
[52] Midianitas são os descendentes de Abraão e de sua segunda esposa, Quetura, com quem se casou após a morte de Sara. Midiã foi o quarto filho desse casamento, sendo pai dos midianitas.

45

VINGANÇA

Não tomarás vingança, nem guardarás rancor...[53]

Você não deve se vingar, mas Deus é vingativo. No caso de Deus, ele pode ser vingativo para corrigir erros e fazer justiça. Por isso, não devemos nos vingar. Ele, o Todo Poderoso, fará esse papel.

Por outro lado, a vingança pode ser deliciosa e merecida. Queremos aqui e agora dar o troco, não podemos contar com a ajuda divina, nada mais saboroso que a vingança. Leia o livro de Alexandre Dumas[54], *O conde de Monte Cristo*[55]. Esse livro conta a história do jovem Edmond Dantés, marinheiro e capitão do navio *Faraó*, e noivo

---

[53] *Levítico*, 19: 18.
[54] Alexandre Dumas (pai) (1802-1870) foi um romancista e dramaturgo francês. Conhecido por escrever os livros *Os três mosqueteiros* e *O conde de Monte Cristo*, clássicos do romance de capa e espada de grande aceitação popular.
[55] *O conde de Monte Cristo* é um romance de aventura francês escrito por Alexandre Dumas (pai), em colaboração com Auguste Maquet, concluído em 1844, inicialmente publicado como folhetim. A história é baseada na vida de Pierre Picaud, em que o marinheiro Edmond Dantés é preso injustamente. Na prisão, faz amizade com um abade, que lhe indica uma misteriosa fortuna, iniciando assim uma trajetória de vingança.

da bela Mercedes. Ele é preso injustamente, tendo sido vítima de um complô organizado por seus inimigos. Quinze anos depois, ele foge da prisão, enriquece e planeja sua vingança mirabolante sem poupar nenhum dos que fizeram a vida dele ser cheia de sofrimentos, desde o cargo no navio, conseguido de forma honesta, até tirarem o amor da sua vida, a bela Mercedes.

Nós, judeus, devemos crer que tudo que acontece foi decretado pelos céus antes de virmos para esse mundo, e quem nos feriu foi apenas agente de Deus e não a pessoa em si.

Rancor e vingança andam juntos. Se você pede o carro emprestado e o cara diz "não", no outro dia inverte, ele pede: "me empresta o seu cortador de grama?", você devolve a resposta: "não, você não me emprestou o carro". Pronto, está vingado. Mas, se o cara empresta e joga na cara é rancor. As duas atitudes são condenáveis quando se trata de questões monetárias e empréstimos.

Quem não se lembra do famoso exemplo de Rashi da diferença entre se vingar e guardar rancor?[56]

---

[56] *Yoma* 23a, 1.

X diz a Y: "Empreste-me sua foice" e Y responde: "Não!" No dia seguinte, Y diz a X "Empreste-me seu machado". Se X disser a Y: "Não vou emprestar para você, assim como você não emprestou a mim!" — isso constitui vingança. Agora, o que significa guardar rancor? X diz a Y: "Empreste-me seu machado" e Y responde: "Não!" No dia seguinte, Y diz a X: "Empreste-me sua foice". Se X disser a Y: "Aqui é para você; eu não sou como você, que não me emprestou!" — isso constitui rancor, pois X guarda ódio no coração, embora não se vingue.

46

SUA FAMA ANTECEDE VOCÊ

A história de José no calabouço[57]: José é chamado pela autoridade máxima, o Faraó, para prestar-lhe um favor: interpretar um sonho, pois sua fama de interpretar sonhos havia se espalhado, ou seja, suas atitudes chegaram antes dele. Essa anedota demonstra como as atitudes das pessoas chegam antes delas. Nossos atos vão se espalhando de boca em boca. Por isso, às vezes conhecemos alguém numa festa, e escutamos: "Já ouvi falar de você", isso quando somos bem falados. Quando somos mal falados não sabemos, mas as pessoas não querem mais ficar perto da gente.

---

[57] *Gênesis*, 37-40.

47

TER DINHEIRO PODE ABRIR A CHAVE DA ARROGÂNCIA

Ter dinheiro é muito bom, algo muda dentro da pessoa. Há dois modos de ter dinheiro: o dinheiro que é adquirido, pelo chamado *self-made-man,* e o dinheiro que vem de berço. Uma pessoa rica é diferente do tipo de pessoa que não é como ela. Desde que saiba o valor de suas riquezas e o que elas podem lhe proporcionar, habitua-se a ser cortejada e papinaricada. Isso modifica algo dentro dela. No fundo, se sente melhor que os outros — talvez até o seja —, sente-se superior e, por mais que não queira, age com superioridade, às vezes em forma de humildade, outras não.

Mesmo quando fica pobre ainda age diferente, o ranço não morre. Sua riqueza lhe dá um senso de confiança que lhe permite agir, um senso de autoestima que a enche de entusiasmo. Essa pessoa rica tem sua autoestima no alto. Ela é tratada como importante pelos outros, que percebem o que possui, e isso a faz estar sempre bem consigo mesma. A riqueza é uma chave para o sucesso, na maioria das vezes, seja no amor, nos negócios ou em tudo que se empenhar em fazer.

Mas a exibição conspícua de riqueza excessiva pode levar a pessoa a se tornar arrogante. A Torá[58] descreve um dos perigos da riqueza. Um indivíduo bem-sucedido pode acreditar que "meu poder e o poder da minha mão me fizeram toda essa riqueza".

O Talmude babilônico afirma que "três coisas ampliam a mente de um indivíduo: uma casa bonita, uma esposa bonita e roupas bonitas". Não está claro se o termo "ampliar a mente" é positivo ou negativo. O Maharsha, um comentário importante, interpreta essa passagem como significando que essas três coisas podem tornar uma pessoa arrogante, uma vez que leva a uma preocupação com os prazeres deste mundo.

---

[58] *Deuteronômio*, 8:11-18.

48

GANHAR DINHEIRO SUADO

Há algo no Talmude que incomoda os oportunistas, é o desprezo pelo prêmio não merecido. Menosprezado e condenável como chama *dekisufa*, "pão da vergonha". É consenso entre os rabinos que o homem deve trabalhar pelo que recebe, e não receber de outra forma. A abertura do Gênesis diz que nossas posses são valorizadas não pelo preço mas por *zayot apecha*, "o suor de nossa testa".

Uma escritora incompetente que leva a fama por algo que não fez ou se apropriou, um larápio que pega a fama de outra pessoa, uma pessoa que leva a fama por um trabalho de um colega, um chefe que leva o crédito pelo excelente trabalho de seu subordinado são exemplos do pão da vergonha.

49

TER MEDO DO SUCESSO

No livro *Números*, interpretado pelo rabino Jonathan Sacks,[59] temos o episódio em que Moisés está no deserto, depois de haver saído do Egito, e manda doze espiões olharem a terra de Canaã. Dez deles voltaram com medo e desaconselhando a entrada, e o conflito, então, o plano é abortado. Mas Rebe deu uma nova visão ao episódio, mostrando que os espiões não tinham medo do fracasso, e sim do sucesso, pois esses espiões não eram pessoas comuns, eles vivenciaram a saída do Egito, as pragas, a abertura do mar Vermelho, vivenciaram a ajuda do Todo Poderoso. Assim, o medo era de que, depois do conflito, cuidar da agricultura, criar uma economia, manter um exército, nada mais aconteceria por milagre, mas por esforço próprio. Deste exemplo inspirador e deste *insight* do Rebe, podemos perceber que

---

[59] Jonathan Henry Sacks (1948-2020) foi um rabino, filósofo, teólogo, escritor e político ortodoxo britânico. Ele serviu como Rabino Chefe das Congregações Hebraicas Unidas da Comunidade de 1991 a 2013. Como chefe espiritual da Sinagoga Unida, a maior sinagoga do Reino Unido, ele era o Rabino Chefe dessas sinagogas ortodoxas, mas não foi reconhecido como autoridade religiosa para a União Haredi de Congregações Hebraicas Ortodoxas ou para movimentos progressistas como Masorti, Reforma e Judaísmo Liberal.

às vezes não investimos mais no nosso pequeno escritório e, quando aparece a oportunidade de pegar um cliente grande e ir em frente, desistimos. No livro de Josué, na parte da *haftara*[60] para *parashat shelah*[61], uma geração depois Josué enviou espiões novamente e descobriu que os inimigos estavam apavorados com o povo hebreu, o que demostra medo mesmo de pegar no batente. É como o medo de um adolescente que não queira sair de casa e se privar dos luxos que tem na casa dos pais.

---

[60] *Josué*, 2:9-11.
[61] *Bemidbar*, 13.

50

CUIDADO COM PROMESSAS

No livro *Juízes*, Jefté se comprometeu com Deus (esses compromissos eram, em geral, unilaterais, já que Deus não fala do trato feito): se fosse concedida a vitória a ele contra os amonitas, Jefté colocaria em uma fogueira "aquele que saísse primeiro da porta da minha casa e viesse ao meu encontro…"

Bem, o interessante é que Jefté tinha interesse, tinha preparo, dispunha e um bom exército e disposição para ganhar de seus inimigos. Ou seja, talvez nem fosse necessário tal acordo. Assim, após uma linda vitória, quem foi recebê-lo e parabenizá-lo à sua porta foi nada menos que sua filha única, e ele então teve que sacrificá-la. Da mesma forma que faria com qualquer animal, matou a pobre filha queimada.

Jefté não tentou renegociar com Deus nem trapacear, apenas cumpriu a promessa. Muitas vezes, no desespero, fazemos promessas caras demais e que podem nos levar a um segundo momento de arrependimento e ruína.

Devemos pensar bem antes de fechar qualquer acordo. Às vezes, a vantagem inicial nos acarreta grandes perdas e arrependimentos futuros. Isso ocorre na maioria das vezes em acordos comerciais assinados e pelas garantias que às vezes jogam nossa família na miséria.

51

SER INCRÍVEL

Va'ad Arba 'Aratzot (o conselho das quatro terras) foi o órgão central da autoridade judaica na Polônia desde a segunda metade do século XVI até 1764.

Setenta delegados de *kehillot* local se reuniram para discutir tributação e outras questões importantes para a comunidade judaica. No século XVII, o conselho criou regras que visavam aos hábitos de consumo, às regras de luxo e extravagâncias. Uma dessas regras chama especial atenção: em uma festa, a cada dez convidados, uma pessoa pobre deveria entrar na lista — nos dias atuais, essa pessoa poderia ser um colega sem contatos, um cara trabalhador, um conhecido que se esforce muito ou alguém que você conhece sem sucesso na esfera econômica, mas não na cultural.

Genial essa medida, seria uma forma de *Mitzvá*[62], ou seja, daríamos uma chance a um profissional de conhecer pessoas interessantes, poder mostrar nas conversas o quanto poderia ser útil a um poderoso, a uma pessoa bem-relacionada. Dar a chance de

---

[62] Literalmente, *mandamento*. No uso corrente, significa qualquer boa ação.

conhecer uma pessoa rica, ser contratado depois de um bate-papo na fila do buffet, de mostrar-se interessante, que conhece pessoas em comum. Enfim, poderiam surgir muitas oportunidades, até de casamento, tendo a chance de conhecer um mundo melhor e querer crescer.

52

COMO TRATAR A MULHER NA CAMA

Se você não quer ser traído, basta seguir as normas que aprendemos estudando a Cabala. Dar prazer à esposa é uma obrigação que consta da Torá, que também proíbe o homem de se recusar a ter relação sexual com sua esposa para causar-lhe frustração, pois ela irá sofrer e o homem não estará cumprindo o mandamento de satisfazê-la. O objetivo principal é tornar a esposa feliz.[63]

Segundo Rabi Eliezer, o desejo da esposa seria aquilo que a alegra, ou seja, o carinho, o abraço, beijos etc. Tudo isso faz com que ela se sinta feliz, e é a preparação para o ato. Por outro lado, de acordo com o Rabi Yehuda, o desejo da esposa seria alegrá-la no momento em que ela deseja ter relações. Ambos estão certos segundo a Lei Judaica.

Segundo o Shulchan Aruch, muitas vezes, para a mulher, a preparação para o ato é mais importante que o ato em si. É por isso que o homem deve se preparar antes do momento de tal maneira que ele institua dentro do seu coração um amor único pela esposa e a inspire, a envolva com palavras, beijos e muito carinho.

---

[63] Shulchan Arukh, Even Haezer, 76:11.

53

DAR O QUE PODEMOS

Não devemos dar mais do que o que está dentro da nossa possibilidade, tanto em dinheiro como em ajuda física e emocional. Não podemos nos anular para ajudar outra pessoa. Existem casamentos em que o marido pede para a mulher se anular para cuidar dos filhos e da casa, então, ele sai para trabalhar e ela não pode trabalhar ou se formar.

Os sábios judeus, por isso, limitaram a doação, de modo que não se deve doar mais do que um quinto do que se recebe, exatamente para não nos empobrecermos.

Aprendemos que não se deve oferecer a Deus mais do que o razoável. Por analogia, vejo que não se deve oferecer ao seu parceiro, filho, empregador ou qualquer outra pessoa mais do que você pode dar. Se damos mais do que podemos nos esvaziamos ou nos anulamos.

Quando ocorre muita anulação, como de uma mulher no casamento em prol do marido e dos filhos, ou de um doador que se dedica demais a uma sinagoga, esquecendo sua família, ou de um líder religioso, que esquece os seus, devemos dizer a eles: "Você é incrível, e eu reconheço seu amor e generosidade, mas chega, basta ou se arruinará. Cuide de você também e tampe os ouvidos para novos pedidos, pois sempre haverá novos pedidos com novas emergências."

Tímon de Atenas[64] é um exemplo de pessoa cuja generosidade levou ao suicídio e à ruína. Nesta peça de Shakespeare, o esbanjador Timon ajudou tanto os outros que acabou pobre e se matou.

---

[64] *Tímon de Atenas* é uma peça do dramaturgo inglês William Shakespeare. Ela conta a história de um mecenas ateniense, Tímon de Atenas. A peça descreve os estonteantes banquetes oferecidos por Tímon, quando é cantado, pintado, esculpido, analisado, cultuado e louvado pelos artistas. Os elogios ao personagem são ilimitados, mas a traição espreita sua mesa.

54

MIMAR OS FILHOS

Quanto custa mimar um filho?

Uma citação de Roth, que não tem nada a ver com a história, ou talvez tenha:

> Um judeu com pais vivos é um garoto de quinze anos e continuará sendo um garoto de quinze anos até que morram!
>
> Philip Roth[65]

---

[65] Philip Milton Roth (1933-2018) é um escritor norte-americano de origem judaica. Famoso sobretudo por seus romances, também escreveu contos e ensaios.

55

JULGAR DE FORMA FAVORÁVEL

Julgue cada pessoa favoravelmente.[66]

Julgar o outro favoravelmente é, também, entender os outros, dar uma chance, é dar dignidade. Se alguém conta uma história, devemos supor que, a princípio, não há motivo para ela mentir.

Contratei uma pessoa para colocar um letreiro no consultório da minha mulher. Após o serviço, no dia seguinte, percebemos que faltava uma letra. Liguei para reclamar, a pessoa foi gentil e pediu desculpas, falou que colocaria na semana seguinte, porém, passada a semana ela não colocou. Liguei e reclamei novamente, ela disse que o carro quebrou. De fato, pode ter acontecido. Passada mais uma semana, liguei e ela disse que ficou doente. Desta forma, mesmo julgando favoravelmente, chega uma hora em que devemos parar de julgar favoravelmente e dar um basta.

---

[66] *Pirkei Avot*, capítulo 1, 6.

Kabbedehu ve-choshdehu.
Honre-o, mas suspeite dele.

    Não somos obrigados a julgar favoravelmente todo o tempo. Essa atitude é algo meritório nosso e não uma obrigação. Ao mesmo tempo, não custa nada fazê-lo; então, o melhor é sempre julgar pelo somatório dos atos realizados anteriormente, não apenas por alguma atitude que tenha te despertado raiva ou por algum vacilo da pessoa no passado. Um erro anterior pode ter mudado o caráter da pessoa para melhor, por meio do arrependimento.

56

CIRCUNCISÃO

A circuncisão no judaísmo é coisa séria. Esse hábito começou com Abraão, e imagino que muitos ficaram apavorados com a dor. O próprio Abraão conta que o fez com 99 anos. Mas a moda pegou, e Abraão, sem dó nem piedade, saía cortando o prepúcio dos homens. A prática judaica da circuncisão significa uma demonstração da aliança com Deus e remonta ao Livro do Gênesis[67], quando Deus ordena que Abraão circuncide a si mesmo e a seus filhos.

Esse ritual também é observado pelos muçulmanos. Nos Estados Unidos, a circuncisão é comum não apenas entre judeus e muçulmanos, mas também na população em geral: de acordo com os Centros de Controle e Prevenção de Doenças, em 2010, quase 60% dos meninos recém-nascidos foram circuncidados antes de deixar o hospital. (Os judeus tradicionalmente realizam a circuncisão mais tarde, no oitavo dia do bebê, em uma cerimônia chamada *brit milah*, ou *bris*.)

---

[67] *Gênesis* 17. Em *Parashá Lech Lechá*: "D'us ordena Avram sobre a circuncisão".

Muitos pais americanos optam por circuncidar seus filhos por causa dos benefícios percebidos à saúde. A Academia Americana de Pediatria, em 2012, afirmou que os benefícios para a saúde superam os riscos de ser circuncidado. A circuncisão tem sido associada a taxas mais baixas de HIV, câncer de pênis e infecções do trato urinário.

Hoje, a maioria das circuncisões é feita por um médico, mas o judeu ultraortodoxo tem feito e criado até alguns problemas, como a transmissão de doenças. Quem faz a circuncisão é o Mohel (especialmente e treinado no ofício da circuncisão).

Em hebraico, *brit* (ou *bris,* na pronúncia ashkenazic clássica) significa "aliança" e *milá* significa circuncisão. Assim, *brit milá* é a circuncisão da aliança, o sinal eterno da conexão indelével do povo judeu com D'us. Para um homem que se converte ao judaísmo, a circuncisão é parte do processo (que também inclui a imersão em um *micvê*[68] e a aceitação dos mandamentos). Circuncisão masculina é a remoção do prepúcio do pênis humano.

---

[68] Imersão ritual em água utilizada no judaísmo.

57

CONVENCER OS OUTROS

Sempre encontramos alguém que deseja nos convencer a fazer algo que, na verdade, é vantajoso para essa pessoa. Primeiramente, ela se faz de um falso conselheiro, às vezes dando conselhos que não foram nem solicitados.

Uma anedota sensacional que demonstra isso é a seguinte:

Sara convence o rabino a fazer uma *tzedaca*[69], para uma viúva com três filhos que poderia ser despejada se não pagasse o aluguel. O que aparenta ser um ato de amor ao próximo, com a *tzedaca*, na verdade era uma vantagem para Sara, pois ela era senhoria da viúva e queria receber sem atraso o aluguel, mas isso ela não contou para ninguém. Vemos pessoas assim a toda hora, se fazendo de falsos amigos e conselheiros não requisitados.

---

[69] *Tzedaca* é o mandamento judaico que, muitas vezes, foi erroneamente traduzido como *caridade*. Tem origem na palavra *tzedek*, que significa *justiça*, sendo mais precisamente traduzido como *justiça social*. É a obrigação que todo judeu tem de doar, sendo, no mínimo, 10% dos seus ganhos. Também podem ser doados trabalho ou conhecimento e todos os judeus têm de cumprir o *tzedaca*, sejam ricos, miseráveis ou mesmo crianças.

58

SER GENEROSO

Generosidade não é *tzedaca* (justiça social, obrigação religiosa). Não se deve atribuir a cada um o que é seu, a grandeza está em oferecer o que não foi pedido e não é obrigação.

Ao mesmo tempo, não devemos esquecer que primeiro temos que dar a *tzedaca* para poder, a partir daí, ser generosos. Quando somos generosos, nos libertamos de ciúmes, raiva e ódio. Um pai não é generoso com os filhos, ele os ama e por isso retribui, mas com amor e não generosidade. Um rabino não é generoso com sua comunidade quando cumpre somente os protocolos. Quando um rabino pede um *shiur*[70] para um membro da comunidade, e esse contribui, isso é generosidade ou *tzedaca*? Se a pessoa já havia dado o percentual de *tzedaca* e dá um extra, ele contribui.

Esforçar-se fisicamente para ajudar os outros é claro que é também uma forma de generosidade. A generosidade não está só em contribuir com dinheiro, pessoas que deixam de fazer algo pessoal para ensinar — até um chefe em seu escritório, que ensina ao seu

---

[70] *Shiur* é um estudo sobre qualquer tópico da *Torá*, como *Guemará*, *Mishná*, *Halaká*, *Tanakh*, entre outros.

funcionário algo que vai ser útil ao funcionário e não algo para ser utilizado na empresa — é generoso com seu tempo, você não precisa ficar de pé na frente ao quadro negro no interior de uma sala de aula para compartilhar o que sabe.

Tímon em Athenas, peça de Shakespeare, conta a história de Tímon, que foi generoso ao extremo, ajudando senadores, poetas, prostitutas... Ele até pagou um dote de casamento a um criado, e foi doando tanto que ficou pobre. Veja que a generosidade excessiva é sem propósito e pode levar à pobreza. Devemos ser generosos, mas a nossa generosidade não pode ser desproporcional pois, desta forma, nos levará à pobreza.

Tzedaca é uma obrigação, querendo ou não, de boa vontade ou não, todo judeu deve fazer. Não é um ato espontâneo, isso não pode ser esquecido, e é 10 % dos seus ganhos, embora existam rabinos que gostam de forçar uma barra e chegar a 20% de contribuição. Também não vá na dele pois assim você fica duro. Espiritualmente, dar *tzedaka* pode vir a compensar um ato celestial desfavorável, e isso é incrível, às vezes é aquele pontinho que você precisa para passar em uma prova, além de fazer o bem aqui na Terra.

59

MENTIR

Nunca prometa algo a seu filho e não cumpra, nunca o ameace e não cumpra: ele vai se tornar um mentiroso igual a você.

Fingir um sentimento afetuoso a fim de ganhar a boa opinião de outra pessoa é pecar contra a verdade.[71]

---

[71] *Exôdo*, 23:7; *Tratado Sanedrin* (92a); *Salmo* 101:7; *Tratado Talmúdico, Sotá* (42a), entre outras passagens, condenam o comportamento mentiroso.

60

GULA, POSSE, AMANTES E EMPREGADOS

Quanto mais carne, mais vermes, mais posses,
mais preocupação. Quanto mais esposas,
mais bruxaria. Quanto mais servas, mais rudeza.
Quanto mais servidores, mais roubo.[72]

Ser um comilão, pensar em deliciosos *muffins*, *marshmallows*, numa suculênta picanha, naquela coca-cola gelada, em chocolates ao leite, *jelly belly* nos faz não pensar em outra coisa senão em comer o tempo todo. Nosso cérebro compartilha do doce sabor do doce, o que faz engordarmos por esse prazer, faz com que tenhamos mais carne, ter mais carne nos faz ser gorduchos, sentir um incômodo ao vestir algumas roupas ou ao sair com alguém mais esbelto. Mas, por trás de toda essa gula, tem alguma coisa!

Para o Cristianismo, a gula é um pecado mortal, é considerado um dos sete pecados capitais.[73] Considera-se que o desejo insaciável

---

[73] Os *sete pecados capitais* são como uma classificação das condições humanas conhecidas hoje como vícios. Os sete pecados são gula, luxúria, inveja, preguiça, ira,

por comida e bebida alimenta a cobiça, e este conceito de gula foi criado no século XIII d.C. A preocupação em engordar está presente em duas grandes religiões: a judaica leva para um caminho, e a cristã para outro, mas ambas não te querem fora do peso.

Na literatura, Dante Alighieri[74] coloca no seu livro *A divina comédia* que os gulosos, no terceiro ciclo do inferno — por terem os pobres gorduchinhos comido com conforto alegremente além dos limites — viverão uma passagem tenebrosa de desconforto, dor e sofrimento para suas almas, enquanto sua carne é comida por vermes.

---

soberba, avareza.
[74] Dante Alighieri (1265-1321), escritor italiano, autor do livro *A divina comédia*, em que apresenta inferno, purgatório e paraíso, e que é considerada uma obra-prima da literatura mundial.

61

FELICIDADE

Se tens meios para gozar a vida, goze-a.

O mundo inteiro foi criado para que o homem possa encontrar prazer.

Alegra-te, jovem, na tua mocidade.[75]

Alegrai-vos em tudo o que colocais a vossa mão.[76]

Realmente não devemos nos privar de ser feliz, devemos, sim, aproveitar a vida e não precisa ser com moderação. Moderação é para os fracos e covardes, o que não podemos nunca é prejudicar alguém com nosso prazer. Mas, de outra forma não tem problema,

---
[75] *Eclesiastes*, 11:9-10
[76] *Deuteronômio* 12: 7.

só os extremistas são felizes. Não devemos ficar no meio da estrada quando o assunto for nossa felicidade, a felicidade é uma conquista, por isso, temos que identificá-la, da seguinte forma:

a) Descubra o que te deixa feliz
b) O que precisa para chegar lá
sem prejudicar ninguém
c) Passe para ação
d) Cheque os resultados com você mesmo,
não procure opinião
e) Faça os ajustes até chegar no seu objetivo

Não devemos esquecer que só temos força enquanto jovem, a alegria vai vir do trabalho diário, enquanto somos novos e temos saúde.

62

AMIZADE

Somos agraciados com dois tipos de amizade: a interesseira e a genuína. Encontramos os dois na Bíblia e no Talmude. Amizades ruins ou casamentos ruins influenciam radicalmente a pessoa, e o mau-caráter influencia mais o bom caráter do que o inverso. Muitas vezes o mau-caráter desperta a índole ruim de uma pessoa de bom caráter, fazendo com que ela mude o seu ser:

> Todo homem é amigo daquele que dá presentes.[77]

> À porta dos ricos todos são amigos;
> à porta dos pobres não há ninguém.[78]

Uma falsa amizade é aquela que traz um interesse oculto nela. A pessoa se livra rapidamente de uma amizade, às vezes por influência

---

[77] *Provérbios* 19:6.
[78] *Shab.* 32a (*Jewish Enciclopedia*).

de um terceiro ou por não ver mais vantagens nela. Muitas vezes essa amizade era falha e acaba virando raiva, inveja e ressentimentos.

Se queres arranjar um amigo, prove-o primeiro e não se apresse em creditar-lhe.[79]

Mas, na amizade verdadeira não existe cobrança, existe apego pessoal decorrente de uma intimidade. É muito improvável ter um amigo sem cumplicidade, o que temos sem cumplicidade são colegas que não frequentam nossa casa e não se arriscariam pela gente. Uma amizade peculiar entre Deus e o homem, como encontramos: "Ser amigo é não pedir nada e não esperar nada, não esperar compensação, é prestar ao amigo socorro, ser útil com a única motivação de ser amigo."

Não faça amizade com um homem que é dado à raiva.[80]

---

[79] *Eclesiastes*, 6:7.
[80] *Provérbios*, 15.

63

ESPERANÇA

A expectativa de algo desejado. Os termos hebraicos para "esperança" são *tikwah* e *seber*, enquanto *mikweh* e *kislah* denotam "confiança"; e *tohelet* significa "expectativa".[81]

> Tudo o que for trazido sobre ti, leve
> com alegria e seja paciente quando tu fores
> transformado em um estado inferior.

Às vezes vemos amigos com dificuldades e devemos dar uma força, com palavras amigas e motivadoras. A velha história: um amigo sem emprego, desesperado, aparece com uma oportunidade de um pequeno trabalho, ele fica desanimado, mas você deve dar esperança. Pode mostrar a ele que a partir deste trabalho pode surgir outro melhor, que ele pode subir no emprego. Esse tipo de esperança é algo que podemos passar adiante.

---

[81] *Jewish Enciclopedia.*

64

SHALOM

Dizer *Shalom* é sempre bom, não é careta. É melhor do que falar "oi", fica uma forma de lembrar mais que um bom dia.

Todo mundo sabe que os judeus se comunicam com a palavra *Shalom* e que ela significa paz, mas, mais do que paz, *Shalom* tem outro significado. O significado principal da palavra é "prosperidade", "saúde", um significado tão bonito criado dentro do judaísmo. Uma palavra que só lembra coisas boas, por que não usar com mais frequência?

65

REPUTAÇÃO

Reputação é a coisa mais importante. Com ela, você consegue tudo: bons negócios, amizade, casamento. A reputação é a chance que temos em cada dia construir o nosso nome, pois o nome vem antes da gente. Antes de nos conhecer, qualquer pessoa vai saber a nossa reputação e assim vai desejar se aproximar ou se afastar de nós. Quem mente, trapaceia, está fadado a ser banido de toda relação futura, sua reputação está na lama e é irrecuperável.

No século passado, judeus na Antuérpia negociavam grandes somas em brilhantes, bastando um aperto de mão para fechar o negócio. A reputação prevalecia, não havia papel, contrato ou coisa que valesse mais que aquele aperto de mão. Nos primórdios das negociações da bolsa de valores no pregão também era assim, bastava ter uma boa reputação. Isso é uma vantagem incalculável, é um *plus*.

> Adquirir bom nome é adquirir
> um bem para si próprio.[82]

---

[82] *Pirkei Avot*, capítulo 2, 8.

> Oh, perdi minha reputação! Perdi a parte imortal
> de mim mesmo, e o que resta é bestial.[83]

> O tesouro mais puro que os tempos mortais oferecem
> é a reputação imaculada; fora isso, os homens são
> apenas argila dourada ou argila"[84]

Os indivíduos, por falta de assunto, por inveja ou talvez não lhe conhecer bem, por uma desavença, algum ressentimento, podem se basear em um incidente qualquer e transformar sua reputação conforme uma atitude isolada. Assim, contar com o benefício da dúvida já é péssimo para sua reputação.

---

[83] *Otelo, o mouro de Veneza* (*Othello, the Moor of Venic*) é uma obra de William Shakespeare. A peça apresenta quatro personagens: Otelo, um general mouro que serve o reino de Veneza, sua esposa Desdêmona, o tenente Cássio, e o sub-oficial Iago. A história gira em torno da traição, da inveja e da rivalidade entre os personagens. Por tratar de temas como racismo, amor, ciúme e traição, continua a desempenhar papel relevante nos dias atuais.

[84] *Ricardo II* é uma peça de teatro de William Shakespeare, escrita em 1595. A história se baseia na vida do rei Ricardo II da Inglaterra.

66

AQUI E AGORA

> Aqui e agora por mim mesmo, o que sou eu.
> Se não agora, quando?

Mais uma citação do *Pirkei Avot*, algo totalmente motivacional escrito há milhares de anos, um verdadeiro *slogan* para se levantar do sofá e ser útil para si mesmo. Ao acordar mais cedo para trabalhar, para cuidar da saúde através de exercícios, sempre podemos pensar nesse magnífico *slogan* judaico e mudar de vida, sair do ostracismo ou tomar decisões adiadas. Essa mensagem, a meu ver, acaba te levando para uma jornada, além de física, espiritual, pois a iniciativa é o primeiro passo para seu sucesso.

> Somos os únicos capazes de cumprir
> a nossa missão, ser por nós e para nós.

Ser apenas para si, e por si, pois somos os únicos capazes de cumprir nossa missão, afinal, é impossível pedir para alguém fazer xixi pelo outro. Fazer algo por si mesmo é uma missão que foi sugerida, embora tenhamos o livre arbítrio de não fazê-lo, mas, nesse caso, o prejudicado será a gente mesmo.

Desde jovens, temos que criar o hábito de realizar o que desejamos (leia *O poder do hábito*[85]). Se demoramos a fazer algo, ficamos velhos, caquéticos, sem força, sem saúde e com dificuldade de mudar um hábito tão enraizado. Claro que isso dá trabalho e exige esforço e força de vontade, mas é isso que é a excelência, é cumprir uma *mitzvá*[86], cada pequena conquista fará de você um gigante: vencer, avançar, se superar.

Enquanto somos jovens somos flexíveis, mas só perceberemos na velhice o quanto éramos flexíveis. Então façamos já! Se já se é um cinquentão, devemos saber que a *mitzvá* está também no arrependimento de não ter feito antes, em poder corrigir os erros do passado, se levantar e ir em frente, por isso:

Se não agora, então quando?

---

[85] *O poder do hábito: por que fazemos o que fazemos na vida e nos negócios* é um livro de Charles Duhigg, ex-repórter do *New York Times*, publicado em fevereiro de 2012. Explora a ciência por trás da criação e reforma de hábitos. O livro foi listado no prêmio do *Financial Times and McKinsey Business Book of the Year* em 2012.
[86] D'us deu à nação judaica 613 *mitsvot* na Torá. Há sete *mitsvot* adicionais que os profetas e rabinos das antigas cortes judiciárias iniciaram durante o primeiro milênio após a outorga da Torá no Monte Sinai. Os rabinos também instituíram muitos decretos adicionais com o propósito de preservar os 613 mandamentos originais.

A inércia faz o tempo passar, e as oportunidades são dadas em um piscar de olhos! Quando eu fazia uma entrevista de emprego com um candidato, eu perguntava sempre "pode começar após a entrevista?", se ele aceitasse, já estava contratado. Quando dizia que teria algo para resolver, que tinha sido pego de surpresa, ou que tinha que fazer isso ou aquilo, ele não era contratado, pois o que eu queria mesmo era ver a disposição do candidato.

67

EVITAR A RAIVA

Rabi Shimon Ben Elazar disse: "Não tente apaziguar seu amigo durante seu momento de raiva; nem o console enquanto seu morto está diante dele. Não o questione no momento de seu voto; nem se esforce para vê-lo durante sua desgraça."

Quando uma pessoa está irada, devemos deixá-la esbravejar, não é inteligente interrompê-la, mas também não devemos deixar passar muito tempo para interpelá-la para não sermos criticados por não termos ajudado caso fosse necessário.

68

NÃO SE GABAR

Não se gabe, não se vanglorie diante de um rei e,
em vez de crescer, não se levante.[87]

Não se exalte na presença do rei;
não fique no lugar dos nobres.

No livro *The 48 laws of power*, Robert Greene[88] ensina que não devemos ofuscar o brilho do mestre e conta a história de Luiz XIV[89],

---

[87] *Provérbios*, 25:6.
[88] *As 48 leis do poder* (*The 48 Laws of Power*) é o primeiro livro do autor norte-americano Robert Greene em coautoria com Joost Elffers. O livro vendeu mais de 1,2 milhão de cópias nos Estados Unidos e foi traduzido para 24 idiomas. Este livro ensina todas as formas de poder e dominação para você nunca dar errado, é uma obra-prima, dá dicas como: "Lei 1: Nunca supere o Mestre", "Lei 28: Entre em ação com ousadia" e "Lei 15: Esmagar Totalmente Seu Inimigo", totalizando 480 dicas, que podem e devem ser usadas hoje em dia.
[89] Luís XIV (1638-1715), apelidado de "o Grande" e "Rei Sol", foi rei da França durante 72 anos. O mais longo reinado de toda História da Europa e o mais longo da História da Humanidade; nenhum outro monarca ocupou um trono por tanto tempo. Foi um dos líderes da crescente centralização de poder na era do absolutismo europeu.

o famoso Rei Sol, e de Fouquet,[90] ministro das finanças da França. Fouquet deu uma festa na inauguração de seu castelo Vaux-le-Vicomte, mas, na malograda festa, ninguém queria saber do rei, apenas de seu ministro, um subalterno. A festa deixou o Rei Sol inseguro e furioso, então, a vaidade de Fouquet o levou à ruína, pois esquecera seu lugar. Afinal, ele estava lá graças ao rei. Seu fim trágico aconteceu no dia seguinte da festa, pois Fouquet foi preso e seus bens confiscados, tendo sido acusado de roubo.

Se tivesse lido *Pirkei Avot*, que já existia, poderia ter encontrado essas palavras: "Cuidado com os governantes, pois estes fingem ser amigos de alguém somente para seu próprio benefício; eles agem amigavelmente quando isso lhes convém, mas não apoiam a pessoa numa hora de necessidade. Enquanto Fouquet foi útil para encher os cofres do rei, nada havia acontecido com ele.

O provérbio judaico que abre esse capítulo chega a ser uma lei de poder. Quantas vezes vemos vendedores de carros de luxo se mostrando para os compradores, corretores de imóveis se gabando em relação aos clientes e até os ridicularizando.

Certa vez, conheci um bancário que queria que eu aplicasse no banco em que ele trabalhava minhas economias, ele me tratava como pobre e como se ele fosse o próprio banqueiro. Ele não possuía a décima parte do que eu possuía, mas se comportava como se fosse o inverso. Acontece que não investi no banco dele, claro.

---

[90] Nicolas Fouquet, Marquês de Belle-Île (1615-1680) foi um nobre francês, Superintendente de Finanças durante o reinado de Luís XIV. Devido ao seu modo extravagante e estilo de vida ostensivo, Fouquet foi aprisionado pelo próprio Luís XIV em 1661, permanecendo encarcerado até sua morte. Foi um dos homens mais influentes de sua época.

69

VIZINHANÇA

Visite o seu vizinho com moderação,
para que ele não se encha de você e o deteste.

Não seja aquele chato, nem peça favor demais. Na verdade, o ideal é prestar favor, e não pedir. Se pedir algo emprestado, devolva antes do prazo; seja sempre respeitoso com ele e com sua família; se ele for, grosseiro não revide, provavelmente, ele vai se arrepender.

70

TER UM BOM NOME

Adquirir bom nome é adquirir
um bem para si próprio.[91]

Devemos cuidar do nosso nome, nossos filhos serão lembrados por nosso nome e nós pela reputação de nossos pais. Sujar o nome é o mesmo que jogar o próprio futuro na latrina. Devemos cumprir nossas promessas, advogados perdem cliente por não cumprirem o que prometem, seus nomes se espalham pela falta de palavra, que faz com que a clientela suma. Com médicos acontece o mesmo quando fazem promessas de emagrecimento rápido ou mudança de estéticas milagrosas com preços exorbitantes. Agir assim é uma forma de sujar o nome profissional também, de acabar com uma reputação.

Um bom nome no homem e na mulher,
caro, meu senhor,

---

[91] *Pirkei Avot*, capítulo 2:8.

É a joia imediata de suas almas:
Quem rouba minha bolsa, rouba lixo;
é alguma coisa, nada;
Era meu, é dele, e foi escravo de milhares;
Mas aquele que rouba o meu bom nome,
rouba-me o que não o enriquece
E realmente me empobrece.[92]

William Shakespeare

---

[92] Poema de William Shakespeare.

71

INVEJA

> Toda vez que um amigo tem sucesso
> morro um pouquinho.[93]

O próprio Adam Smith[94] já escreveu sobre o assunto e sugeriu que um homem de sucesso repentino reconhece que a inveja dificulta o compartilhamento desse sucesso com terceiros.

---

[93] Gore Vidal (1925-2012) foi um romancista, dramaturgo, ensaísta, roteirista e ativista político dos Estados Unidos. Autor de 25 romances, 2 relatos pessoais e vários volumes de ensaios de alto nível intelectual, tais como "Burr", "1876", "Lincoln", "Empire", "Hollywood" e "The Golden Age". O seu terceiro romance, *A cidade e o pilar*, causou enorme escândalo entre os críticos e o público mais conservadores por ser um dos primeiros romances que retrataram, sem ambiguidade, a homossexualidade. Foi candidato a cargos políticos duas vezes e teve uma longa carreira como observador e crítico da vida política dos Estados Unidos.

[94] Adam Smith (1723-1790) foi um filósofo e economista britânico nascido na Escócia. Viveu no atribulado Século das Luzes, o século XVIII. É o pai da economia moderna, e é considerado o mais importante teórico do liberalismo econômico. Autor de *Uma investigação sobre a natureza e a causa da riqueza das nações*, a sua obra mais conhecida e que continua sendo usada como referência para gerações de economistas, na qual procurou demonstrar que a riqueza das nações resultava da atuação de quem, movido pelo interesse próprio, promovia o crescimento econômico e a inovação tecnológica.

Evitar a inveja é muito difícil, pois muitas pessoas de sucesso e ricas são discretas e humildes mas de nada adianta, pois estão sempre felizes, bem humoradas, tratando os outros bem, a felicidade exala dessa pessoa, todos em volta recebem sentimentos positivos recebendo o mesmo de volta, então, não há como evitar a inveja.

Nos dez mandamentos só está escrito um traço de caráter, e não é avareza, preguiça, ódio, nem arrogância, está escrito no décimo mandamento "não cobiçar a mulher do próximo, nem sua casa, deve ser porque é o pior sentimento, registrado há milhares de anos".

Em *Pirkei Avot* aprendemos:

Quem está feliz?
Aquele que está feliz com seu próprio destino.

72

ESCOLHA UM BOM AMIGO

Seu amigo, aquele que é como
se fosse sua própria alma.[95]

Em Roma, Cómodo era filho do imperador Marco Aurélio,[96] o imperador filósofo e neto adotivo de Adriano (o mesmo que Margaret Youcernar descreveu em *Memórias de Adriano*[97]). Marco Aurélio estava morrendo, aos 60 anos, e sua maior preocupação era de

---

[95] *Deuteronômio*,13:7.
[96] Marco Aurélio (121-180) foi imperador romano desde 161 até sua morte. Seu reinado foi marcado por guerras. Foi o último dos cinco bons imperadores, e é lembrado como um governante bem-sucedido e culto; dedicou-se à filosofia, especialmente à corrente filosófica do estoicismo, e escreveu uma obra que até hoje é lida, *Meditações*.
[97] *Memórias de Adriano* (*Mémoires d'Hadrien*) é uma autobiografia imaginária que conta a vida e a morte do imperador romano Adriano. Foi publicado pela primeira vez na França, em 1951, com enorme sucesso. O próprio Adriano escreveu uma autobiografia que, no entanto, não chegou aos nossos dias. O livro está organizado em seis partes, incluindo um prólogo e um epílogo. Tem a forma de uma carta, redigida por Adriano e dirigida ao seu filho adotivo e futuro imperador, Marco Aurélio, então com dezessete anos.

que seu filho estivesse em boa companhia para ser o imperador de Roma. Afinal, o próprio Marcus Aurélio só se tornara imperador aos 40 anos, e seu filho assumiria o império com 16 anos! No entanto, não foi isso o que aconteceu. Seu filho Cómodo — que foi retratado, com várias mudanças, no filme *O Gladiador* — preferiu os conselhos de bajuladores, seu medo da morte e covardia de ir para frente de guerra e o fez ficar em Roma acovardado, morrendo assassinado aos 31 anos.

O rabino Shneur Zalman de Liadi ensina:

> Mesmo que o mundo inteiro diga que você é grande, não o creia; talvez você seja o maior do mundo, mas ainda assim vive o desgaste do seu próprio ser.

Quando eu era estudante, costumava sair com Isaac, um amigo que tinha mais dinheiro que eu, e parar na lanchonete Gordon, no final da noite. Como o meu dinheiro era contado, eu comprava o combo da promoção que custava 3,75 cruzeiros. Quando saía com os outros amigos dele, meu amigo sempre comprava o supercombo, que custava mais de 10 cruzeiros, mas quando saía comigo, tinha receio de me fazer sentir mal, dizia não estar com fome e comprava um combo igual ao meu. Assim, comíamos a mesma refeição.

Eu me lembrei disso quando ouvi a história de outros dois amigos que combinaram de ver uma luta de boxe quando estivessem em Nova York. Um deles, que era rico e poderoso, não abria mão de comprar ingresso para a primeira fila por 5 mil dólares. O outro disse que não poderia gastar esse dinheiro, só poderia comprar para outra fila por 200 dólares. O amigo rico disse que não abriria mão do conforto: "Se você não pode pagar, não sou eu que vou pagar para você. Sairemos em outra ocasião."

Embora os valores envolvidos nessas duas histórias estejam bem distantes, podemos comparar as atitudes e ver que o sujeito rico da segunda história era um mau amigo.

73

PAI E FILHO

Um bom pai geralmente é mais dedicado ao filho do que o filho ao pai. Às vezes, filhos tiram pais de empresas em que ele é o dono e o filho o herdeiro. Filhos príncipes destituem pais reis. Infelizmente, com os nossos filhos, às vezes consertamos nossos pecados cometidos no passado com nosso pai e assim vamos nos aperfeiçoando.

Estranho é quando acontece o contrário. Até hoje me causa espanto a história de Abraão, que aceitou sacrificar o próprio filho, Isaac, mesmo tendo sido para atender a um pedido divino e porque precisava provar sua fé. A religião, às vezes, comete falhas e devemos observar essas falhas e não seguir cegamente sempre o que nos é ordenado para provar algo.

O amor de Isaac ao pai foi incondicional. Ele aceitou ser morto por ele, pois, caminhando lado a lado, poderia ter batido no pai, ter fugido da situação, mas não, ele aceitou, por amor ao pai, e não ao deus de seu pai.

Acredito que o filho deva questionar os conselhos do pai e, em harmonia, podem chegar algumas vezes a uma mesma opinião, mas jamais deve se frustrar e deixar de fazer suas próprias escolhas. Nem sempre a escolha do pai é a melhor para o filho.

Embora esse momento dramático entre Abraão e Isaac seja exceção, como está relatado na Torá. No entanto, se foi relatado, não deve passar despercebido, e também não deve passar despercebido que embora tenham caminhado juntos, não voltaram juntos e não mais se falaram. Então, algo coisa mudou, ficou um ressentimento, talvez, nunca saberemos. Mas fazer o filho aceitar de modo unilateral sua opinião é sempre ruim.

74

SER GRATO

A maioria das pessoas costuma dizer que, quando fazemos algo por alguém, não devemos esperar gratidão, mas acredito que não deve ser bem assim. A ingratidão gera uma profunda aflição não revelada. A gratidão é uma virtude, mas infelizmente não é óbvia. Acredito que os filhos devem herdar dos pais a gratidão que eles têm pelos pais deles. E seus pais devem lembrar essa gratidão aos seus filhos, para que estes possam um dia retribuir, e, por sua vez, transmitir a mesma gratidão aos seus filhos.

Honrar pai e mãe, que é um dos Dez Mandamentos, nada mais é do que uma apreciação sincera do reconhecimento obrigatório da gratidão. Afinal, foram os nossos pais que cuidaram de nós quando estávamos doentes, trabalharam para nos dar oportunidades e nos protegeram de infortúnios. O rabino Yissocher Frand[98] explica que,

---

[98] O rabino Yissocher Frand é um autor ortodoxo americano. Faz palestras na Yeshivas Ner Yisroel, em Baltimore, mesmo lugar que estudou e onde se tornou conferencista. É muito conhecido na comunidade judaíca ortodoxa como um habilidoso orador, sendo convidado para proferir milhares de palestras nas últimas décadas. Na parte inicial de suas palestras normalmente aborda uma questão de lei judaica, enquanto reserva a parte final para falar sobre homilética, o que evidencia um caráter ético ou religioso.

antes de agradecer a alguém, devemos admitir que precisávamos dessa pessoa, por isso não podemos dizer a nós mesmos que "meu poder e o de minha própria mão me ganharam esta riqueza".[99]

Um dos valores básicos do Judaísmo é "Hakarat HaTov", o termo hebraico para gratidão. Ao lermos o escritor Dale Carnegie, podemos encontrar todas essas dicas. As pessoas que têm mais amigos, as mais queridas e as que mais fecham negócios são aquelas que dizem "obrigado". Ao dizer "obrigado" nos restaurantes, você receberá um melhor atendimento. E quando você pronuncia o nome da pessoa que atende você, é melhor ainda, pois ressalta que o agradecimento é para ela mesma, como uma confirmação do seu reconhecimento em relação ao trabalho dela. Rabino Elijah Spira (1660-1712), em sua obra *Eliyahu Rabbah*, aconselha que jamais se deve pedir que outra pessoa agradeça em seu nome; você deve fazê-lo pessoalmente. E eu acrescento: olhando nos olhos.

---

[99] *Deuterônomio,* 8: 11-17.

75

TUDO DE GRAÇA SAI CARO

"Não existe almoço grátis". Esta frase popular é verdadeira. Não acredite em nenhuma gentileza excessiva.

O livro Êxodo da Torá apresenta quatro tipos de guardiões, ao passo que um dos tratados do Talmude, o Bava Metzia, discute-os e esclarece: Shomer Chinam é o guardião não remunerado; Shoel, o mutuário; Socher, o locatário; e Shomer Sachar, o remunerado. São exemplos que nos alertam para tomar cuidado com o que contratamos, com quem contratamos e se vale a pena ser um pão duro e aproveitador, pois, para todo favor, existe uma consequência.

"O guardião remunerado e o locatário juram e ficam isentos de culpa pelo animal que quebrou a perna ou morreu, mas eles pagam se o animal for perdido ou roubado."[100] Um exemplo de Shoel é quando você empresta um carro a um amigo e este se beneficia, usando-o como Uber ou para sair com a namorada. Ele não paga nada, você empresta o carro porque tem pena dele. Mas se ele bater

---

[100] *Bava Metzia*, 93a.

com o carro, ele deve ressarci-lo pelo prejuízo. Veja outros exemplos de responsabilidade dos guardiões:

Socher: só é responsabilizado se der razão, como dirigir com negligência e bater com o carro ou facilitar um roubo por ter deixado a chave no carro.

Shomer Sachar: se você viaja e paga uma pessoa para cuidar do seu cão, ela pode ser responsabilizada se acontecer algo com o cão, a não ser que haja uma tragédia.

Shomer Chinam: você vai se mudar e um amigo guarda suas malas. Ele não usa nada e não pede nenhuma remuneração, faz isso por amizade. Se algo acontecer com suas coisas e ele não tiver culpa, ele não é responsabilizado, mesmo que tenha guardado as malas de má vontade.

Se você não pensar nas consequências do favor que pede para alguém, as consequências podem ser graves.

76

SER DIFERENTE

Acredito que o primeiro exemplo de inconformismo da humanidade tenha vindo de Abraão, o profeta das três maiores religiões do mundo. Quando saiu de sua casa, por escutar Deus, Abraão provavelmente sentiu algo que deveria ser diferente, algo jamais pensado antes. Ter um só Deus, não ter símbolos, fazer circuncisão e ficar em casa é copiar os padrões existentes. A mesma coragem têm os jovens americanos quando saem de casa cedo. Por começarem cedo, eles se tornaram os maiores empreendedores do mundo. Nada contra os italianos, que esticam o máximo de tempo possível para ficar com a *mama*. Abraão seria engolido pelo sistema se ficasse em casa, seguindo o padrão dos vizinhos, seria mais um entre tantos iguais.

Outro inconformista foi Noé, na história do Dilúvio. Ele deve ter sido considerado um louco por falar do fim do mundo. Por isso, o escritor Oscar Wilde nos diz:

Seja você mesmo, os outros já existem.

77

DESTINO E JUDAÍSMO

A Torá diz que, se você tiver que ser pobre, pode herdar milhões que ainda assim terminará pobre. E se ser rico for o seu destino, mesmo se gastar muito dinheiro e tiver vários casamentos, você encontrará a riqueza.

Existem várias parábolas exageradas contadas para crianças e adultos sobre a providência divina. É ela que coloca cada coisa em seu devido lugar. Como diz um ditado ídiche, "o homem planeja e Deus ri".

78

CASAMENTO

Sobre o segredo do casamento, o Rebe de Lubavitch ensina que, quando há uma discussão entre o casal, cada um deve estar pronto para sacrificar sua dignidade e honra pessoal em prol da paz.

79

AS APARÊNCIAS ENGANAM

As roupas são feitas para nos expressar, por isso existem as grifes. Se todos no mundo andassem nus, não haveria distinção, e todos seriam tratados igualmente. As roupas diferenciam pessoas ricas e pobres, embora as pessoas pobres se vistam com roupas caras, e as ricas, com roupas baratas. No entanto, na maioria de vezes, conseguimos diferenciar, pois as roupas caras pedem também relógios e carros caros, motorista etc. Numa primeira vista, podemos até nos enganar. Os sacerdotes judeus usavam roupas diferenciadas para impressionar, o que é uma contradição aos próprios ensinamentos judaicos.

Na obra de Shakespeare *Otelo*, o lenço perdido serviu como prova para a suposta traição de Desdêmona, e Iago enganou Otelo ao caluniar sua esposa. A mulher de Potifar usou a capa de José para mentir sobre o suposto estupro[101]. Veja que curioso: a palavra hebraica para "vestimenta" também significa "traição". Jacó enganou seu pai se passando por seu irmão. "Em seguida, pegou as roupas prediletas de Esaú que estavam na casa dela e as entregou a Jacó, seu

---

[101] *Gênesis,* 27:14-24.

filho mais novo. Com a pele dos cabritos, cobriu-lhe os braços e a parte lisa do pescoço."[102]

> De fato, as roupas refletem o exterior. Nas festas, não devemos nos enganar com as aparências. O que vemos pode não ser o que é.

---

[102] *Gênesis,* 39:7-18.

80

O DOM DE ESCUTAR

Meu pai dizia que temos uma boca e dois ouvidos para escutar mais do que falar. Ele tinha razão. Sempre que falei demais, me dei mal. *Shemá Israel* (Ouça Israel) são as duas primeiras palavras da seção da Torá que constitui a fé central no judaísmo, que fala em escutar, ouvir. Para nós, judeus, é mais importante escutar. Nossa representatividade está em escutar e não em ver. É uma grande lição de vida.

No livro *Devarim*, você encontra esse nome quase cem vezes. O próprio Elias, na montanha, descobriu sobre Deus, no *kol demamah dakah*, a "voz *mansa e delicada*". A religião nos ensina o dom de escutar. Devemos ter uma fala mansa para obter favores e não subir o tom de voz e parecermos rudes. Devemos, principalmente, deixar os outros falarem.

Às vezes, nossa mulher ou nossos amigos não querem conversar, só querem falar, e devemos escutá-los. Escutar é o dom da comunicação. Às vezes, quando você quer impressionar alguém, quanto mais você fala, pior parece, então é melhor permanecer calado. O silêncio é mais intimidador e mais atraente. Repare: nas festas, quem está num canto sempre desperta mais curiosidade.[103]

---

[103] *The Art of Listening* (*A arte de ouvir*) foi escrito por Rabbi Zev Leff.

81

AFASTAR-SE DAS PESSOAS

Quando você fica o tempo todo presente, as pessoas se acostumam com você. Quando você some, as pessoas começam a sentir sua falta e sua presença passa a ser requisitada. Estar presente constantemente pode fazer você perder o seu valor.

> Às vezes, para se valorizar,
> é bom não estar tão presente.

82

TER CUIDADO COM OS PODEROSOS

Tenha cuidado com o poder governante. Porque eles só fazem amizade com uma pessoa quando ela serve a todos. Eles aparecem como amigos quando lhes convém, mas não estão ao lado de um homem em seus momentos de necessidade.

Veja a história de Fouquet, contada no capítulo 68 deste livro, "Não se gabar".

83

NÃO RECONHECER O ERRO

Nós somos nossos melhores advogados no tribunal da autoestima. Raro é o indivíduo com coragem de dizer, como fez o Sumo Sacerdote, ou o Rei David após o profeta Nathan confrontá-lo com sua culpa em relação a Uriá e Batsheva, *chatati*: "Eu pequei".

Rabino Jonathan Saks[104]

Em seu livro *Como fazer amigos e influenciar pessoas*, Dale Carnegie conta a história do assassino americano Francis Crowley, conhecido como *Two Gun*, executado na cadeira elétrica, em Nova York, em 1932. Ele criou problemas na cadeia, participou de um tiroteio contra a polícia presenciado por 15 mil pessoas e, mesmo sendo um assassino, se sentia ofendido com insultos das pessoas. O mundo está cheio de pessoas como o Francis, que não assumem a culpa, não

---

[104] Ver https://pt.chabad.org/library/article_cdo/aid/3737585/jewish/A-Coragem-de-Admitir-Erros.htm

reconhecem seus erros, culpam os outros e gritam quando se sentem acuados. São advogados raivosos, médicos incompetentes e vaidosos que não assumem seus erros. Mesmo ao serem processados, continuam negando seus erros. Por exemplo, uma vez presenciei uma situação em que uma advogada perdeu o prazo e, ao ser cobrada pelo cliente, ela berrou, xingou e cortou o relacionamento entre eles.

> *Cela me rend furieux d'avoir tort quand*
> *je sais que j'ai raison.*
>
> Molière[105]

---

[105] "Me enfurece estar errado quando sei que estou certo." Molière (1622-1673) foi um dramaturgo francês, ator e encenador, considerado um dos mestres da comédia satírica. Teve um papel de destaque na dramaturgia francesa. Usou suas obras para criticar os costumes da época. É considerado o fundador indireto da Comédie-Française.

84

RECONHECER O ERRO

Reconhecer o próprio erro é uma qualidade, algo que devemos aprender a fazer para não perder amigos e as pessoas que amamos. Inicialmente, pode ser difícil, mas depois é reconfortante ter a certeza de que se fez a coisa certa.

Uma vez briguei com um ascensorista de elevador que não quis me deixar no meu andar. Esse elevador só parava em números pares; o de número ímpares havia quebrado. Depois, de cabeça fria, pensei que embora ele pudesse me deixar no meu andar, ele só cumpria ordens do síndico. Então, eu me desculpei com ele e, para minha surpresa, ele também se desculpou. Hoje ele não trabalha mais no prédio onde tenho um escritório, mas nos cumprimentamos sempre que nos encontramos. Reconhecer um erro é um ato nobre e de coragem.

85

KISO, KOSO, KA'ASO

Três coisas traem o homem: sua bolsa, seu cálice e seu temperamento ("kiso, koso, ka'aso").

Esta é mais uma lição do Talmude babilônico. Quando bebemos, nossos segredos vazam. Quando estamos com dinheiro, as pessoas descobrem se somos avarentos ou generosos, arrogantes ou simples. O dinheiro ou a falta dele demonstra o caráter. E com raiva, sem pensar, dizemos coisas horríveis que estão na nossa mente. Conheço uma advogada que, quando fica com raiva, ofende todo mundo. Quando a raiva passa, ela age como se nada tivesse ocorrido. Costuma-se dizer que uma pessoa também revela sua verdadeira natureza em seu riso.

86

TER MEDO DE DECIDIR

As pessoas, muitas vezes, evitam tomar decisões por medo de cometer um erro. Na verdade, deixar de tomar decisões é um dos maiores erros da vida.

Rabino Noah Weinberg

87

TRATAR A MULHER BEM

Se você quer conhecer uma princesa,
transforme-se em um príncipe.

Rabino Dov Heller, Aish LA

88

OPORTUNIDADE

Deixe uma pessoa usar um cálice caro um dia
e deixe-o quebrá-lo amanhã.

Em outras palavras, deve-se aproveitar uma oportunidade que se apresenta e não precisa se preocupar se ela vai durar ou não. Ela lhe disse: Você não tem cabelos brancos e não é apropriado para alguém tão jovem chefiar os Sábios. A Gemara relata: Naquele dia, ele tinha dezoito anos, um milagre aconteceu para ele e dezoito fileiras de cabelos ficaram brancos. A Gemara comenta: Isso explica aquilo que Rabi Elazar ben Azarya disse: Eu sou como alguém que tem setenta anos e ele não disse: eu tenho setenta anos, porque ele parecia mais velho do que realmente o era.[106]

Por exemplo, ajudar uma pessoa despretensiosamente pode virar uma grande tacada de sorte. A sorte não bate na porta duas vezes. Imagine a situação seguinte. Uma oportunidade de emprego aparece, mas você tem uma viagem marcada e pensa: "São apenas cinco

---

[106] *Talmude, Berakhot,* 28a.

dias. Quando eu voltar, começo a trabalhar". Nesses cinco dias, pode você perder o avião de volta, quebrar uma perna ou perder a vaga para uma pessoa que esteja disponível imediatamente. No caso acima, o cabelo branco é uma metáfora que você tem que colaborar com sua sorte, ela simplesmente não só bate na porta, precisa de um empurrãozinho.

89

SER SÁBIO

> Quem é sábio? Aquele que aprende com cada homem ... Quem é forte? Aquele que supera suas inclinações ... Quem é rico? Aquele que está satisfeito com sua sorte ... Quem é honrado? Aquele que honra seus companheiros.[107]

O Talmude[108] nos ensina a pensar antes de falar ou fazer algo. Conta que Alexandre, o Grande, perguntou para sábios judeus quem era sábio, e a resposta foi "quem sabe prever os resultados de suas próprias ações". Nesse exemplo de beleza do Talmude, Alexandre, O Grande, aparece não como conquistador, mas como aprendiz, demonstrando que os ensinamentos judaicos são para todos abaixo dos céus, sem distinção. Se um poderoso faz algo, não é porque quer, mas porque Deus assim o quis.

---

[107] *Pirkei Avot*, capítulo 4, 1, Ben Zoma.
[108] *Tamid,* 32a.

90

RECOMPENSA

A recompensa é proporcional ao esforço.[109]

O empenho é proporcional ao esforço, ao sofrimento. Não se chega ao topo sem dor, sofrimento e abdicação. A desistência não merece prêmio ou recompensa. A recompensa representa não só a conquista, mas também o esforço. Pode-se ler esse trecho tanto pelo lado espiritual como prático. Não existe maior recompensa que servir a Deus. Você faz a *mitzva* pela *mitzva*, esse é o lado espiritual, que não enche a barriga, não neste mundo pelo menos. Muhammad Ali (Cassius Marcellus Clay Jr.) diz algo incrível: "Odiei cada minuto dos momentos de treinamento, mas dizia a mim mesmo: 'Não desista. Sofra agora e viva o resto de sua vida como um campeão'".

---

[109] *Pirkei Avot*, capítulo 5, 22, Ben He He.

91

BEBER E FAZER AMIGOS

O Talmude nos diz que, quando duas pessoas tomam uma bebida juntas, isso as aproxima.[110] Nos negócios, nada como um balcão de bar para aproximar dois homens para fazerem negócio. A bebida produz empatia suficiente para iniciar uma conversa. O segredo para se aproximar de alguém está em ter interesses em comum, sejam corridas de cavalo, esportes, jogos, mulheres etc. Mas que seja a bebida a soltar os segredos.

---

[110] *Provérbios*, 24:29.

92

TEMPO É DINHEIRO

"Ele costumava dizer: Aos cinco anos de idade, o estudo das Escrituras; Aos dez, o estudo da Mishná; Aos treze, sujeito aos mandamentos; Aos quinze anos, o estudo do Talmud; Aos dezoito anos, o dossel nupcial; Aos vinte, para busca [de sustento]; Aos trinta, o pico de força; Aos quarenta, sabedoria; Aos cinquenta anos, é capaz de dar conselhos; Aos sessenta anos; Aos setenta anos completos; Aos oitenta anos de "força"; Aos noventa, um corpo curvado; Aos cem anos, praticamente morto e completamente fora do mundo."[111]

Para os americanos, tempo é dinheiro, mas o tempo vale muito mais, é inestimável. Quanto mais você tem um, menos tem o outro para aproveitar e usar. Imagine que você joga na bolsa e perde dinheiro. Depois recupera, mas, antes, passa um mês angustiado com essa perda. Esse mês que ficou triste e angustiado, você não recupera. Assim, aprendemos o valor do tempo. Devemos fazer o que é devido em cada momento, e não apressar o tempo a ser vivido e desfrutado. Como dizia o rei Salomão, tudo tem o seu tempo determinado.[112]

---

[111] *Pirkei Avot*, capítulo 5, 22, Ben He He.
[112] *Eclesiastes*, 3:1-8, Salomão.

93

NÃO REVELAR SEUS SEGREDOS

No livro *Breviário dos Políticos*, de 1684, o cardeal Jules Mazarin diz que jamais se deve falar dos próprios defeitos, pois em algum momento isso será usado contra você.

94

CONFIAR

Não se deve confiar em conselho de quem tenha interesse na questão a ser julgada.

Na *Parashat Shelach*, que citei anteriormente, os espiões vão para Israel e fazem um julgamento favorável a eles. Eles podem ter tido medo de uma nova vida e novas responsabilidades, então preferiram o conforto do deserto, sendo alimentados pela comida que caía do céu através de maná. Outra hipótese é que, como eles eram líderes, cada um de sua tribo, eles tiveram medo de perder o poder caso as tribos unidas invadissem a terra de Israel e obtivessem êxito, pois, nesse caso, as tribos começariam a seguir um só líder. Então por que os espiões seriam a favor de julgar contra eles mesmos? Seguiram a lógica e julgaram negativamente a invasão: "Vou dizer que é ruim, senão vou perder todo meu poder se forem para Israel". Assim fizeram 10 entre 12 líderes e espiões. Moisés deveria ter enviado pessoas que fossem indiferentes às opiniões.

95

NÃO DEVEMOS DAR O TROCO

> Não diga: "Farei com ele o que fez
> comigo; ele pagará pelo que fez".[113]

Dar o troco em alguém que aprontou com você tira toda possibilidade de retratação, cria ressentimentos, é como matar, difícil de consertar. Quando aguentamos e relevamos, a possibilidade de arrependimento e conciliação aumenta. Dar o troco é se vingar, não compensa, é tirar a nossa própria chance de ter classe. O prazer de dar o troco é momentâneo e não se prolonga, por isso devemos deixar de lado essa alternativa. Ganha-se muito mais sendo amigo do que inimigo.

Assim, se alguém lhe ofender, não responda da mesma forma.

Por exemplo, se sua mulher reclama que você guarda as coisas no lugar errado, no fundo, ela não está tão preocupada em encontrar as coisas dela, mas significa que algo não está bem com ela.

---

[113] *Provérbios*, 24:29.

96

TER SORTE

Sorte é uma sucessão de coisas positivas que acontecem conosco, não depende só de talento. No livro *A intrigante ciência das ideias que dão certo*, Clemente Nobrega conta sobre o sucesso e a sorte de Bill Gates. Em 1980, a IBM contratou a minúscula empresa de Bill Gates para desenvolver um sistema operacional nos seus PCs. Gates nem queria pegar o serviço, indicou um colega, Gary Kildall, um conhecido nerd da década, mas este desistiu e deixou Gates com o compromisso de honrar a palavra. Então, Gates comprou na última hora os direitos de um software chamado *Quick and Dirty Operating System* e o modificou, trocando o nome. No final das negociações, sem esperar um sim, pediu o direito de negociar essa versão modificada. A IBM não se incomodou, queria vender as máquinas e não o sistema. Por esse passo de sorte em escala, Bill Gates virou Bill Gates, e o resto é o que vemos hoje em dia.

Mazal significa sorte. Diz-se *Mazal Tov* sempre que há uma festa, circuncisão, casamento, boas notícias etc. No aniversário, acredita-se que sua *Mazal* é ainda mais forte. Existem teorias de que os astros comandam nossa *Mazal*. Nas comemorações, quando falamos

Mazal Tov a alguém, estamos lhe dando mais que uma bênção, desejamos sorte.

O Talmude conta que os romanos proibiram os judeus de celebrarem o Shabat, bem como diversas outras festividades. Então, uma dupla de rabinos foi à Roma para pedir ao imperador que revogasse o decreto. No caminho, encontraram um demônio chamado Ben Temalion, que lhes ofereceu ajuda da seguinte forma: o demônio entraria no corpo de uma princesa romana, e ela, no meio da loucura, pediria para chamar um dos rabinos. Quando o rabino falasse no ouvido dela, o demônio se retiraria. A dupla pôs seu plano em ação, o rabino chamou o demônio no ouvido dela e ele saiu. Como sinal de sua partida, todo vidro do palácio se quebrou. Em agradecimento, o imperador atendeu o pedido da dupla revogando e rasgando o decreto. Desse momento em diante, quebrar o vidro passou a significar que está tudo bem e grita-se *Mazal Tov!*

97

CONSTRANGER O OUTRO

A Torá se preocupa demais com a dignidade da pessoa. De forma alguma, deseja constranger, então criou pretextos muito interessantes para livrar a cara das pessoas. Por exemplo, ela libera o soldado que tem medo de morrer de ir para guerra, mas se não pode simplesmente falar: "Vocês, soldados medrosos, podem se levantar e ir para casa". Os soldados seriam logo taxados de covardes. Então, sabiamente, ela coloca outras condições para camuflar: se o soldado é novo, não pode ir, pois tem que consumar o casamento; se ele está construindo uma casa, tem que voltar, pois ele não pode morrer antes de inaugurá-la. Assim, o soldado pode se levantar sem medo de se sentir envergonhado, pois não podem dizer que ele é covarde. Ele vai dizer, tremendo as pernas: "Eu, covarde? Que nada. Estou noivo e preciso consumar o casamento".

Veja outro exemplo incrível. Segundo a Torá, se uma mulher comete adultério e se separa por esse motivo, nenhum outro homem vai querer se casar com ela, e, da mesma forma, nenhuma mulher vai querer se casar com esse homem, pois ele deve ter feito a mulher muito infeliz para isso acontecer. Então se acrescenta que o casal pode se separar também por causa de uma comida queimada. É engraçado, pois seria uma desculpa, tudo para não constranger o outro.

Constranger alguém é inadmissível, então trazemos esses exemplos milenares para os dias de hoje. Vemos muitas pessoas constrangendo outras, em brigas de casais, quando pais constrangem filhos em público, ou quando patrões despedem seus empregados.

Melhor alguém pular em uma fornalha ardente do que envergonhar o próximo em público.[114]

---

[114] *Guemará* (*Brachot 43b*).

98

NÃO DESPERDIÇAR

O desperdício é péssimo!

Se, em 2021, falamos de desperdício, imagine que um pergaminho chamado Torá mencionou o mesmo assunto por volta de 450 a.C., ou seja, 2500 anos atrás.

Antigamente, as pessoas não possuíam tanta roupa, nem se falava em *closets*, despensas enormes de comida ou ter vários carros. As pessoas tinham muitos cuidados milhares de anos atrás e também no passado recente. O que se colocava para comer não sobrava e só se comprava roupa quando não desse mais para usar a outra de tão gasta. Não havia tanta fartura. Se era proibido dar a comida que se economizava para seu cachorro, imagine colocar comida a mais no prato e não comer, ou comprar comida demais com risco de estragá-la pela falta de consumo? Existe até uma *mitzvah* sobre o tema do desperdício, que é a Bal Tashchit.

O *best seller A história das coisas*, homônimo do vídeo que é um fenômeno na internet, fala sobre isso. No livro, a autora Annie Leonard revela como o desejo insaciável de consumo (de joias, automóveis, roupas, computadores etc.) prejudica de forma irreversível o planeta onde vivemos. Explica ainda como a produção de matérias-primas e embalagens pode gerar um impacto negativo sobre a Terra e os seres humanos.

Devemos realmente pensar nos hábitos de consumo, como disse a Torá, e nos preocuparmos com o nosso presente e o futuro de todos que nos sucederão. Devemos gastar nosso dinheiro com bons propósitos e interromper o consumismo desenfreado, a fim de não gerar escassez não só para nós mesmos como para as próximas gerações.

99

INGRATIDÃO

Machado de Assis escreveu: "A ingratidão é um direito do qual não se deve fazer uso".[115]

Pessoas ingratas esquecem que tiveram um pontapé inicial e uma oportunidade no primeiro emprego; esquecem amigos que indicaram clientes e que um deles o tornou rico; amigos que escutaram seus problemas por vários dias e fizeram com que se levantassem; velhos amigos que deram dicas no início de sua carreira; pequenos empréstimos que receberam e fizeram toda diferença em determinados momentos; empregos que tiveram quando estavam em dificuldades; apresentações que viraram grandes negócios ou até casamento. Muitas conquistas se devem não ao talento, mas à sorte de ter encontrado alguém que apontou o caminho ou deu uma oportunidade no passado. Na realidade, o ingrato não reconhece o bem que lhe foi feito, ele se acha sempre merecedor.

---

[115] Machado de Assis (1839-1908) é o mais conhecido romancista, poeta, dramaturgo e contista brasileiro, fundador da Academia Brasileira de Letras. Escreveu em praticamente todos os gêneros literários, sendo poeta, romancista, cronista, dramaturgo, contista, folhetinista, jornalista e crítico literário, autor de obras monumentais como *Dom Casmurro*, *Memórias póstumas de Brás Cubas*, entre outras.

100

FALAR POUCO

> Faça do seu [estudo da] Torá uma prática fixa;
> fale pouco, mas faça muito; e receba todos
> os homens com um semblante agradável.[116]

Falar pouco e fazer muito, esse é o caminho ideal do sucesso, mas não é assim que acontece normalmente. Um estudo apontou que, quando falamos antes de fazer algo, é como se a recompensa de concluir o objetivo tivesse sido alcançada e nos desmotivamos a terminar o trabalho com o mesmo empenho. Dessa forma, também não devemos falar e divulgar o que não está concluído, muito menos nossos planos.

Essa dica de falar menos do que se pretende fazer pode ser usada em todas as situações da vida, desde o casamento, uma paquera, até uma reunião.

---

[116] *Pirkei Avot*, capítulo 1, 15.

Não deixe que eles saibam contra o que você é ou o que você defende.[117]

Porque você não sabe o que não sabe. E a única maneira de descobrir isso é fazer perguntas e ouvir. Ao sentir vontade de falar mal de alguém ou desejar impressionar, não o faça, segure a ansiedade. Quanto menos você fala, mais respeito você recebe.

O filme *Muito além do jardim*, estrelado por Peter Sellers e Shirley MacLaine, mostra isso. Baseado no livro *O videota*, de Jerzy Kosinski, o filme conta a história de um jardineiro, talvez até ingênuo, que trabalhava no jardim e assistia à televisão, mais nada. Não sabia ler, escrever nem fazer mais nada. Até que seu patrão morre, ele sai para a rua e é atropelado por um milionário, com quem faz amizade. Deste momento em diante, sempre calado, ele é interpretado como genial, mas não passa de um idiota. Até quando fala, pensam que ele é genial.

Quando anunciamos que escreveremos um livro, faremos uma viagem inesquecível, uma obra de arte ou um investimento, na maioria das vezes, o que anunciamos acaba não acontecendo. Ao anunciar algo, temos a sensação de que já foi feito e partimos para outro projeto. Por isso, não devemos falar antes de o nosso projeto estar pronto. Primeiro devemos concluí-lo e depois mostrá-lo para os outros ou deixar que eles descubram.

---

[117] Letra de música da peça teatral *Hamilton*, musicada e com atuação de Lin-Manuel Miranda, conta a história de Alexander Hamilton (1755-1804), o primeiro Secretário do Tesouro dos Estados Unidos, que estabeleceu o primeiro banco dos Estados Unidos e teve influência no desenvolvimento da base do capitalismo americano. Hamilton tem o rosto estampado nas notas de 10 dólares e morreu em 1804 em um duelo com o então vice-presidente, Aaron Burr.

101

TER PACIÊNCIA

Moshê Rabeinu viveu 120 anos, mas somente aos 80 anos de idade se tornou líder. Ele teve que ter muita paciência!

No livro *Inteligência emocional*, o autor Daniel Goleman descreve o teste do *marshmallow* como teste de paciência e o sucesso posterior como consequência. Crianças de quatro anos receberam um *marshmallow*, mas foram informadas de que, se esperassem sete ou oito minutos, poderiam comer dois — não apenas um. Quatorze anos depois, constatou-se que aquelas crianças que esperavam se mostraram melhores aprendizes, mais populares e ainda capazes de adiar a gratificação na busca de seus objetivos.

102

VIVER A VIDA

Viva a vida e gaste seu dinheiro.[118]

A *Guemará*[119] cita instruções adicionais emitidas por Shmuel: Shmuel disse a Rav Yehuda[120], seu querido aluno: "Estudioso, agarre e coma, agarre e beba, pois o mundo do qual estamos partindo é como uma festa de casamento, cuja alegria é apenas temporária, e quem não sente prazer agora não o poderá fazer no futuro. Da mesma forma, Rav disse a Rav Hamnuna: Meu filho, se você tem dinheiro, faça bem por si mesmo. Não adianta esperar, pois não há prazer no mundo inferior e a morte não demora. E se você disser: eu vou economizar para deixar para meus filhos, que te contou a lei do inferno, ou seja, como você sabe qual de vocês vai morrer primeiro. As pessoas são semelhantes à grama do campo, no sentido de que

---

[118] *Talmude*, em *Euruvin* 54a.
[119] *Guemará* é o mesmo que *Talmude*.
[120] Rabbi Yehudah Ashlag (1885-1954), também conhecido como Baal ha-Sulam, em referência a sua obra-prima, *Sulam*. Nascido na Polônia, foi um rabino ortodoxo e cabalista, vindo de uma família de estudiosos ligados aos Tribunais Hassídicos de Porisov e Belz.

florescem, ou seja, crescem, e suas ações são abençoadas, e elas murcham e morrem."

No lindo texto acima, vemos que devemos aproveitar a nossa vida. Se você não gastar com você e as pessoas que você ama, quem vai gastar? "Caixão não tem gaveta", diz o ditado popular. Podemos aproveitar mais nossas reservas, nosso patrimônio, durante a vida. Existem pessoas que só fazem isso depois de um grande susto, um infarto ou uma doença. Outras não chegam a ter a consciência de aproveitar.

Diferente de outras religiões, nós, judeus, não fazemos voto de pobreza. Temos uma cota sugerida de doação. Se fizermos essa doação, podemos usar sem culpa o restante do nosso dinheiro como desejarmos, pois nesta vida não tem como acabar com a pobreza e sofrimento de uma só vez.

Minha mãe costuma contar uma história bastante engraçada. Um bilionário foi abordado na rua por uma mulher ativista e frustrada, que questionou como ele poderia andar de Rolls Royce, usar um relógio Patek Phillippe de ouro e roupas Hermès, com tanta pobreza em volta. O bilionário disse: "Tem razão, vamos resolver isso agora". Então pegou a calculadora e continuou: "Tenho 7 bilhões. São 7 bilhões de habitantes na Terra. Toma seu 1 dólar, que é sua parte, e não me enche o saco".

Também não devemos julgar os outros mais ricos, presumindo que não fazem suas doações. Muitas delas são secretas ou discretas e muito maiores do que as que faríamos se pudéssemos.

103

PRESTIGIAR OS OUTROS

Não tem nada mais legal do que prestigiar as pessoas ao ir a eventos, exposições ou apresentações para os quais você tenha sido convidado, ao comprar na loja de seus conhecidos ou conhecer os amigos de sua namorada, por exemplo. Prestigiar alguém é um tipo de generosidade que o torna inesquecível.

104

CITAR A FONTE

Todo aquele que diz uma coisa citando o nome de quem a disse traz a redenção ao mundo.[121]

É nobre e elegante fazer uma citação de algo feito por outra pessoa. Essa atitude o enobrece mais do que a genialidade de criá-lo. Não o diminui, pelo contrário, o engrandece. Registrar o que os outros escrevem, falam ou fazem é o melhor modo de demonstrar seu pensamento, que pode ser, sem dúvida, original.

---

[121] *Pirkei Avot*, capítulo 6, 6.

105

FAZER A DIFERENÇA

Nós somos únicos e fazemos toda a diferença. O suicídio é inaceitável.

No filme *A felicidade não se compra*, de Frank Capra, um homem desesperado com sua vida pensa em se matar, então um anjo é enviado para mostrar o quanto ele foi importante para muitas pessoas. Nós temos uma missão nessa vida, e o melhor de tudo é que não sabemos qual é a missão. O filme mostra que, às vezes, não temos noção do quanto somos importantes para as outras pessoas, o quanto já fizemos para outras nem lembramos. Não temos consciência de pequenas atitudes nossas que modificaram o futuro de outras pessoas para o bem.

106

EDUCAR OS FILHOS

Se você precisar bater em uma criança, bata nela apenas com um cadarço.[122]

Ameaçar os filhos é muito grave e é um problema milenar, tanto que os sábios do judaísmo já orientavam a não ameaçar. Os psicólogos nem precisariam ler seus mestres de psicologia, bastaria ler o Talmude. Ameaçar seu filho prejudica a autoestima dele, quebra a conexão entre pai e filho, e você pode perder o respeito dele quando ele crescer. O conselho ideal é: não ameace em vão. Se você ameaçar e seu filho desobedecer, no mínimo cumpra a ameaça.

---

[122] *Talmude*, em *Baba Batra*, 21 a.

107

ENSINAR UM OFÍCIO

Qualquer pessoa que não ensine a seu filho uma habilidade ou profissão pode ser considerada como se ela o estivesse ensinando a roubar.[123]

---

[123] *Talmude,* em *Kiddushin,* 29 a.

108

AMAR OS FILHOS

Certa vez, um pai veio ao Baal Shem Tov com um problema relacionado ao filho. Ele reclamou que o filho estava abandonando o judaísmo e a moralidade e perguntou ao rabino o que ele poderia fazer.
O Baal Shem Tov respondeu:
Ame-o mais".[124]

Se seus filhos são problemáticos, o problema é com você, que não deve dar atenção a eles, deve estar ocupado com amantes, dinheiro, trabalho, academia e outros prazeres.

Assisti a um filme espetacular chamado *Marujo Intrépido*, dirigido por Victor Fleming e estrelado por Spencer Tracy, que vive um garoto mimado, filho de um pai ausente e uma mãe já falecida.

---

[124] *Tales of the Hasidim* é um livro de contos coletados por Martin Buber, baseado em histórias, escritas e faladas, dos hassidim. Buber escreveu esses contos com base na tradição do *Baal Shem Tov*.

Quando o garoto tem problemas na escola, o pai resolve fazer um passeio num cruzeiro para se aproximar do filho.

Durante a viagem, o menino cai no mar e é salvo por um marinheiro pescador português. O menino fica três meses no barco pesqueiro, tendo que trabalhar duro. No final da empreitada, ele encontra seu pai e eles saem para uma nova viagem, onde encontram o amor genuíno entre pai e filho.

109

DIREITOS

Não recuse para um indivíduo (empregado) o que lhe é de direito quando está com você a atitude de fazer.[125]

Nunca diga a um empregado: "Procure seus direitos". Mesmo que ele lhe aborreça e lhe dê prejuízo. Como somos patrões e temos a sorte de ser ricos, devemos pagar para ele no ato.

---

[125] *Pirkei Avot*, capítulo 1, 15.

110

FAMA

Aquele que persegue a fama perde sua reputação.[126]

Existem pessoas desesperadas em busca de seus 15 minutos de fama. Muitas vezes, elas se esquecem de seus valores. Um filme espetacular que ilustra isso é *Cidadão Kane*[127], no qual, o protagonista, empresário e jornalista, ficou poderoso e multimilionário com sua falta de moral e de escrúpulos. Tinha tudo na vida: uma famosa mansão chamada Xanadu, as mais caras e preciosas obras de arte e uma mulher jovem e linda. Ele destruiu todos os seus inimigos e, no final de sua vida, se tornou um homem solitário e amargurado. Antes de morrer, murmurou a palavra que estava escrita no trenó que ele tinha quando era pobre, feliz e tinha amigos. A sua vida de rico era invejada por todos, menos por ele, pois ele havia perdido sua alma em busca da fama.

---

[126] *Pirkei Avot*, capítulo 3, 16.
[127] *Cidadão Kane* é um filme de 1941, escrito e dirigido por Orson Welles. É considerado um dos melhores filmes de todos os tempos.

111

DAR A VOLTA POR CIMA

Há muitas histórias de pessoas que eram poderosas, ricas, influentes e perderam tudo, foram para a sarjeta. Algumas delas nunca mais se levantaram, outras lutaram e se reergueram. Temos a história real de Visconde de Mauá (1813-1889), considerado o maior empreendedor e um dos brasileiros mais ricos de sua época. Fundou o Banco do Brasil, construiu o estaleiro que levava seu nome, fez uma ferrovia que competia com as obras de Dom Pedro II e recebeu também o título de Barão. Ele chegou a perder sua fortuna e a recuperá-la.[128]

---

[128] Confira a belíssima biografia desse incrível brasileiro chamada *Mauá: Empresário do Império*, do escritor Jorge Caldeira.

112

PREGUIÇA

Como Lot pode ter tido preguiça de sair de Sodoma? A cidade estava sendo destruída na frente dele. Ele morreria se ficasse lá, não era hora para ficar com preguiça! O homem mais sábio do mundo, Shlomo Hamelech (Rei Salomão), em seu livro *Mishlei* (Provérbios), ensina que, quando uma pessoa é preguiçosa, ela tem sete justificativas para seus atos. Ou seja, Lot tinha pelo menos meia dúzia de explicações lógicas para explicar o motivo para agir daquela forma naquele momento. A preguiça poderia se dar também por falta de motivação, um desânimo permanente ou a incapacidade de enxergar a recompensa com clareza. Bill Gates chegou a dizer que preferia dar um trabalho a um preguiçoso, pois ele vai dar um jeito de terminar mais rápido, por preguiça.

113

MANTER DISTÂNCIA

Não responda um idiota;
se responder, você se iguala a ele.

O livro *Provérbios*, do Rei Salomão, nos ensina que devemos tomar cuidado com os idiotas. Discutir com um idiota é uma idiotice, claro.

114

BRIGAS

A mulher contenciosa é comparada a uma chuva incessante na casa. Ela é como o gotejamento do telhado em um dia muito chuvoso, quando todos estão dentro de casa, e ela incomoda a todos (Rashi). No entanto, ela irrita o marido o tempo todo.[129]

Os antigos já falavam que uma mulher que discute muito com o marido provoca separação. Hoje em dia, a regra vale para os dois. Um homem chato, cheio de ideias preconcebidas afasta uma mulher. Por mais que tenham se casado por amor, ambos têm que refletir para não serem chatos. Se ela não pode esperá-lo para jantar, tudo bem. E daí? O mundo não acabou, ela estava cansada, não sabia que horas ele ia chegar, não estava a fim de papo aquele dia. Se o homem disser "por que não me esperou?" ou se fizer cara feia, pense o seguinte: "Não torra!". E faça cara de paisagem.

---

[129] *Provérbios* 27:15.

115

NERVOSISMO

Uma advogada histérica e um herdeiro folgado e indolente são exemplos de pessoas que gritam, dizem grosserias e constrangem os outros. O livro *Messilat Iesharim* fala sobre esse tipo de comportamento. Essas pessoas vivem em torno de seus próprios umbigos e provavelmente não vão mudar. Muitos são advogados, políticos, operadores do mercado financeiro ou herdeiros, por exemplo. Para conviver melhor com essas pessoas e não nos aborrecermos, temos que identificá-las. Se soubermos com quem estamos lidando, podemos evitar brigas. Esse livro classifica as pessoas da seguinte forma, da pior para a melhor:

5 – A pessoa fica nervosa por tudo que acontece.
4 – A pessoa fica nervosa com algumas coisas.
3 – A pessoa fica nervosa por poucas coisas e, mesmo assim, fica pouco brava.
2 – A pessoa fica nervosa, mas aprende a se controlar.
1 – A pessoa nem chega a ficar nervosa.

116

ANDAR PARA TRÁS

Em *Pirkei Avot*, fala-se que as três coisas que tiram um homem do mundo são: *ain hará* (mau-olhado), *yetzer hará* (mau instinto) e *sinat habriot* (sentimento de detestar as outras pessoas).

Detestar os outros é o que faz um verdadeiro misantropo. Pessoas assim estão em cada esquina, até no nosso ambiente de trabalho, mas nem sempre percebemos. Podem invejar não só seus bens materiais, mas também seu casamento, sua linda família, seus amigos ou seu sorriso.

117

TEIMOSIA

"O teimoso vence", costumava dizer Avrohom Yeshaya Karelitz[130]. Aquele que não desiste é quem vai ter sucesso. Hashem espera isto de Bnei Israel: "Não pare! Temos de seguir em frente e chegarmos cada vez mais longe".

A vontade de não desistir é o que faz empresários e pessoas determinadas terem sucesso. Alguns exemplos conhecidos são: as tentativas de Thomas Edison e a sua invenção da lâmpada; a história da fábrica de chocolate Hershey, cujo inventor se recusava a usar leite em pó, queria um chocolate cremoso feito de leite, por isso montou a fábrica perto de criadores de gado; a determinação de Arnold Schwarzenegger de sair da Áustria para se tornar um *superstar*; e a história de Sylvester Stallone, que escreveu o roteiro de *Rocky* e fez questão de atuar no filme, que se tornou um grande sucesso. Acadêmicos que estudam para concursos públicos e emagrecimentos bem-sucedidos através de duras dietas são exemplos mais comuns de determinação.

---

[130] Yeshaya Karelitz (1878-1953) foi um rabino ortodoxo bielorrusso que mais tarde se tornou um dos líderes do Judaísmo Haredi em Israel, onde passou seus últimos 20 anos.

118

SUSTENTAR A ESPOSA

Ele não deve afligi-la porque Deus conta as lágrimas dela (da esposa). O homem que honra sua esposa será recompensado com riqueza.[131]

O marido deve sustentar sua esposa no mesmo nível da dignidade e *status* social dele. Ou seja, se um homem rico se casou com uma jovem de situação financeira inferior à dele, em hipótese alguma, ele poderá destratá-la por causa disso. Se ele escolheu se casar com uma jovem menos rica que ele, deve prover o mesmo estilo de vida e dignidade que ele tem.

Rachel era filha de uma família rica e escolheu se casar com Akiva, um homem pobre e analfabeto, porque viu nele um grande potencial. Após o casamento, a família de Rachel deserdou-a, ela e o marido viveram em extrema pobreza. Mesmo assim, Akiva trabalhou duro e fez o seu melhor para sustentá-la. Assim, Rachel, mesmo financeiramente empobrecida, se sentia valorizada por seu marido,

---

[131] *Talmude,* em *Bava Metzia,* 59b.

pois via que ele se esforçava para prover-lhe o melhor que podia. Rabino Akiva se tornou um dos maiores líderes do povo judeu de todos os tempos.

O homem deve fazer o seu melhor para sustentar sua esposa e filhos. A palavra "honra" na Torá é interpretada como "sustento material". Significa que o marido deve sustentar sua esposa mesmo que ele não a ame.

119

SER OBRIGADO A MENTIR

Vou contar uma história recente de um amigo meu. Possessivo, ciumento e inseguro sexualmente, ele se casou pela terceira vez pouco antes da pandemia de Covid-19. No início da quarentena, ele fez a nova mulher prometer que não sairia de casa, a não ser para ir ao mercado. Para não brigar e manter a paz no casamento, a mulher abriu de mão de fazer exercícios e ir ao escritório. Após algumas semanas, com todos ainda em isolamento por causa do pânico causado pela Covid-19, a melhor amiga dela ligou desesperada, precisava desabafar, chorar e receber um abraço. Não teve escapatória, a mulher foi obrigada a mentir, disse que ia ver a mãe e foi ver a amiga. O meu amigo a seguiu e descobriu que escutou uma mentira. A culpa por ela ter mentido foi dele!

Não busque as coisas que estão escondidas de você, nem procure as que estão escondidas de você.

O que te é permitido, pense nisso; mas você não tem nada a ver com as coisas secretas.

120

PORTAR DINHEIRO

Tenha sempre dinheiro vivo em seu poder.

A propósito desse assunto, Rabi Yitzḥak diz que o dinheiro de uma pessoa sempre deve ser encontrado em sua posse. Ele não deve investir todo o seu dinheiro, para que não fique sem dinheiro disponível para despesas, como está escrito: "E tu amarrarás o dinheiro em tua mão". E Rabi Yitzḥak diz: "Uma pessoa sempre deve dividir seu dinheiro em três; ele deve enterrar um terço no solo, investir um terço em negócios e manter um terço em sua posse".

Na Alemanha nazista, as leis de restrições pioraram para os judeus. Eles não podiam ir aos bancos e tiveram suas contas bancárias bloqueadas e confiscadas. Quem tinha a sorte de ter dinheiro vivo e joias conseguia subornar agentes públicos para obter comida, documentos falsos e fugir do país. Meus avós só conseguiram fugir da Hungria e chegar ao Brasil porque tinham em suas mãos joias e dinheiro vivo, assim como milhares de outros judeus do resto da Europa. Esse é um ótimo exemplo que mostra a importância de não deixar o dinheiro só em um lugar e de ter sempre dinheiro em mãos para uma emergência.

121

SER HOMEM

Num local onde não há homem, seja um.[132]

Aristides de Sousa Mendes, cônsul português na época da Segunda Guerra Mundial, ajudou a emitir passaportes que salvaram mais de 30 mil refugiados, sendo dez mil judeus, no regime de Salazar. Ele poderia ser condenado à morte ou prisão perpétua por esse crime, sua família poderia ir para miséria, mas ele se arriscou, quando não havia mais ninguém que pudesse fazer o mesmo. Sua atitude foi reconhecida por Israel como um "Justo entre as Nações" (título usado para descrever todo não judeu que ajudou judeus a se salvarem dos crimes nazistas durante o Holocausto).

Conhecemos algumas histórias de pessoas altruístas, outras não, mas essas pessoas não se importam com homenagens e títulos. Seus desejos altruístas são maiores que sua existência.

---

[132] *Pirkei Avot*.

122

CURIOSIDADE MATA

No livro *How to keep your cool: an ancient guide to anger management*, Sêneca[133] nos ensina que não é bom ver e ouvir tudo, as ofensas devem passar por nós e devemos ignorá-las. A curiosidade de saber o que os outros falam de nós nos deixa nervosos, chateados e até com desejo de vingança. Investigar o que foi falado em nossas costas é uma besteira que atormenta nosso bem-estar.

---

[133] Sêneca foi um filósofo estoico, além de um dramaturgo de sucesso.

123

DAR A CHANCE DE O OUTRO SE ARREPENDER

Na academia do Rabino Yishmael, eles ensinaram:

> Se você vir um erudito da Torá cometer uma transgressão à noite, não nutra pensamentos ruins sobre ele durante o dia. Ele certamente se arrependeu.

Por exemplo, se você vai a uma festa com uma amiga e, no meio da festa, ela vai para um canto e começa a ser esfregar com a pessoa que acabara de conhecer, ou se ela bebe demais e dá vexame, provavelmente, alguma coisa aconteceu com ela e depois ela se arrependerá. Devemos dar a chance e o crédito a essa pessoa, pois todos podemos errar.

124

QUANDO O OPRIMIDO É OPRESSOR

Rabi Elazar, filho de Rabi Shimon, veio de Migdal Gedor, da casa de seu rabino, e ele estava montado em um jumento e passeando na margem do rio. Ele estava muito feliz e sua cabeça estava inchada de orgulho porque havia estudado muito a Torá. Ele encontrou uma pessoa extremamente feia, que lhe disse: "Saudações, meu rabino". Mas Rabi Elazar não retribuiu sua saudação. Em vez disso, Rabi Elazar disse a ele: "Pessoa inútil, quão feio é aquele homem. Todas as pessoas da sua cidade são tão feias quanto você?". O homem disse-lhe: "Não sei, mas deves ir dizer ao Artesão que me fez: como é feio o vaso que fizeste". Quando Rabino Elazar percebeu que havia pecado e insultado este homem apenas por causa de sua aparência, desceu do jumento e prostrou-se diante dele, e disse ao homem: "Pequei contra ti; me perdoe". O homem disse-lhe: "Não vou te perdoar até que você vá ao artesão que me fez e diga: como é feio o vaso que você fez". Ele caminhou atrás do homem, tentando acalmá-lo, até que chegaram à cidade do Rabino Elazar. O povo de sua cidade saiu para saudá-lo, dizendo-lhe: "Saudações a você, meu rabino, meu rabino, meu mestre, meu mestre". O homem disse a eles: "Quem vocês estão chamando de meu rabino, meu rabino?" Disseram-lhe: "A este homem, que anda atrás de você". Ele disse-lhes: "Se este homem é um rabino, que não haja muitos como ele entre o povo judeu". Eles lhe perguntaram: "Por que razão você diz isso?". Ele disse-lhes: "Ele fez isso e aquilo comigo". Disseram-lhe: "Mesmo assim, perdoe-o, pois ele é um grande estudioso da Torá".[134]

Esta história tem uma interessante reviravolta. O rabino arrogante humilha um transeunte que estava indo para a mesma cidade, chama-o de feio. É claro que isso não chega a ser uma ofensa. A maioria das pessoas que conhecemos são feias mesmo, poucas pessoas são lindas e estão em forma. Este "feio" seria uma metáfora. Após levar uma advertência, um *fora* do homem, o rabino se arrepende e começa a segui-lo pedindo desculpas. Essa ofensa foi feita no privado, apenas de homem para homem, e o rabino já tinha se arrependido. Ao chegar à cidade, o ofendido expõe o rabino, demonstrando uma fragilidade de caráter dele, e não do rabino. Nesse caso, o jogo mudou: o ofendido virou opressor e o opressor virou ofendido. Esta lição nos diz que devemos ter cuidado para não mudar nosso caráter nem dar o troco quando estivermos em situações mais favoráveis que a anterior com a mesma pessoa.

---

[134] *Talmunde Taanit* 20b, 1.